PETER SELG

Das Leben des Geistes in der Corona-Krise

Von der Hoffnung und vom Vertrauen
in die Zukunft

W0245571

PETER SELG

Das Leben des Geistes in der Corona-Krise

Von der Hoffnung und vom Vertrauen in die Zukunft

VERLAG DES ITA WEGMAN INSTITUTS

Vorträge zur Anthroposophie. Band 45

Herausgegeben vom Ita Wegman Institut
für anthroposophische Grundlagenforschung
Pfeffingerweg 1 A, CH-4144 Arlesheim

Autoreferate von zwei Vorträgen, die am
11. September 2021 (Mitgliedertag der Anthroposophischen Gesellschaft im Goetheanum) und am
12. September 2021 (Casa Andrea Cristoforo, Ascona)
gehalten wurden

© 2021 Verlag des Ita Wegman Instituts

2. Auflage 2022

Gesamtgestaltung:
Walter Schneider, www.schneiderdesign.net

ISBN 978-3-906947-63-1

Inhalt

Vom Leben des Geistes in der Corona-Krise ... 7

Von der Hoffnung und vom Vertrauen
in die Zukunft 31

Anmerkungen 65

DORLIS BLUME, MONIKA BOLL,
RAPHAEL GROSS (HG.)

HANNAH ARENDT
UND DAS
20. JAHRHUNDERT

PIPER

Katalog der Sonderausstellung im «Deutschen Historischen Museum». Berlin, 2020

Vom Leben des Geistes in der Corona-Krise

Goetheanum, Dornach
11. September 2021

> Erst indem wir darüber sprechen, ver-
> menschlichen wir das, was in der Welt,
> wie das, was in unserem eigenen Innern
> vorgeht, und in diesem Sprechen lernen
> wir, menschlich zu sein.
>
> *Hannah Arendt[1]*

Das Leben des Geistes in der Corona-Zeit ist nicht einfach, sondern tatsächlich sehr schwierig. Geistiges Leben hat mit physischen und seelischen Gegebenheiten zu tun und steht in Bezug zu ihnen, ist teilweise auch von ihnen abhängig und geprägt, vollzieht sich nicht im «Jenseits» der Seele und des Leibes, auch wenn der Geist über erhebliche Freiheitsgrade verfügt, sich befreien kann – zumindest bis zu einem gewissen Ausmaß. Aber der «freie» Geist bleibt, so müssen wir einräumen, ein großes, oft weit entferntes und schwer zu erreichendes Ziel, gerade auch in unserer Gegenwart. Angst und Furcht ergreifen die Seele in vielen Ländern der Erde, in der physischen Bedrohung der Existenz, damit auch in der Bedrohung der physischen Existenz des Geistes auf Erden. Das betrifft ohne Zweifel das «Leben des Geistes in der Corona-Krise», wie auch anders? Und doch ist das physische Leben des Geistes keinesfalls *nur* durch die Krankheit bedroht, sondern auch durch die weltweiten Maßnahmen ihrer Bekämpfung, wenn wir nur an die vielen Hungertoten denken, die durch den erzwungenen Zusammenbruch der Nahrungsketten, durch Isolation und soziale Distanz verursacht wurden. Es wird nicht sehr viel darüber berichtet, aber bereits Ende des Jahres 2020 ging die UNO davon aus, dass durch die weltweiten «Lockdown»-Maßnahmen ca. 1,6 Milliarden Menschen vom Verlust ihrer Lebensgrundlagen bedroht waren, das heißt circa 20 % der Weltbevölkerung. Die internationale Nothilfe- und Entwicklungsorganisation prognostizierte zu diesem Zeitpunkt ca. eine Million zusätzlicher Hungertoter im Jahr 2020.[2] Die Menschen verhungerten, weil sie ihre Wohnorte und Elendsquartiere nicht mehr verlassen durften, sich kaum mehr bewegen konnten; sie hungerten und verhungerten auch im Sozialen, im Entzug der Begegnung, im Wegfall der geschlossenen Schulen und vieler anderer Stätten des Lebens. Das Leben, das physische, aber auch das geistige, das Leben des Geistes, ist eng mit der Bewegung verbunden, des In-Bewegung-Seins und des In-Bewegung-Sein-Könnens. Hannah Arendt, auf die ich in meinen Ausführungen noch öfter zurückkommen möchte, schreibt:

> Von allen spezifischen Freiheiten, die uns in den Sinn kommen mögen, wenn wir das Wort Freiheit hören, ist die Bewegungsfreiheit nicht nur die historisch älteste, sondern auch die elementarste; das Aufbrechen-Können, wohin man will, ist die ursprünglichste Gebärde des Frei-Seins, wie umgekehrt die Einschränkung der Bewegungsfreiheit seit eh und je die Vorbedingung der Versklavung war. Auch für das Handeln, in dem menschliche Freiheit in der Welt primär erfahren wird, ist Bewegungsfreiheit die unablässige Bedingung.[3]

Handeln wie Denken gehen, so Arendt, in Form einer Bewegung vor sich – die Freiheit, die beiden, dem Denken wie dem Handeln, zugrunde liegt, ist die Bewegungsfreiheit. Der Verlust der Bewegungsfreiheit bedroht das Leben des Geistes, in seiner notwendigen Welt-Begegnung und -Berührung. Dieses Problem der Corona-Maßnahmen wird nicht durch den Hinweis beseitigt oder abgeschwächt, dass die Bewegungsfreiheit auf Erden bereits vor 2020 sehr eingeschränkt oder zumindest ungleich verteilt war – ein deutscher Staatsbürger konnte 2016 visumsfrei in nicht weniger als 93 Länder reisen und, sofern er die entsprechenden finanziellen Mittel hatte, sofort losfliegen, wohingegen einem Menschen aus Afghanistan zur selben Zeit gerade einmal zwei Länder ohne Visum und überwiegend zu Fuß «offen» standen.[4] Das Ausmaß der sozioökonomischen Ungerechtigkeit auf Erden, das der expansive Kapitalismus des herrschenden Wirtschaftssystems geschaffen hat, ist unfasslich und himmelschreiend; es ändert aber nichts an der von Arendt aufgewiesenen Bedeutung der Bewegungsfreiheit, im Gegenteil. Es bedeutet nur, dass das Leben des Geistes in den Notgebieten der Erde schon vor der Corona-Dynamik schwer beeinträchtigt war, ja, buchstäblich am Boden lag. Bewegungsverlust und Freiheitsverlust, im Denken wie im Handeln, erschweren oder verunmöglichen das geistige Leben nahezu, wie auch Angst, Furcht, Einsamkeit und Verzweiflung.

Angst und Furcht beziehen sich in weiten Teilen der Erde gegenwärtig auf die in Frage stehende Krankheit; an manchen Orten wurden sie jedoch auch systematisch gefördert, geschürt und instrumentalisiert. Angst und Furcht betreffen des Weiteren die aktuelle Pathologie des Sozialen und Politischen, die Ent-Demokratisierung und die unübersehbare Pandemie des Autoritarismus, des «Maßnahmen»- und Verordnungswesens, der dramatischen Zunahme von Erfassung, Überwachung und Kontrolle. Aspekte des chinesischen Gesellschaftsmodells,[5] inklusive des Systems der «Social Credits», sind in kurzer Zeit auch in Europa sehr viel nähergekommen, ja, schon fast salonfähig geworden – selbst

in Ländern, deren Politiker und Presse ihm zuvor
überaus kritisch gegenüberstanden. Die Biopolitik
und die «ahrimanische» Willensdynamik in Zeiten
der Krise machten das vor Kurzem noch Unvorstell-
bare fast schon möglich – von der Kontaktnachver-
folgung via «App» bis zur Sanktionierung abwei-
chenden Verhaltens. Darunter leidet das Leben des
Geistes. Der Geist des Menschen sucht die Begegnung und sehnt sich nach dem Du in Freiheit; wo die
Angst vor dem Anderen, die soziale Distanz und
Überwachung das Sagen haben, zieht sich das Geistige zurück, zumindest jenes Geistige, das die Entwicklung des Freiheits- und Sozialwesens im Menschen-
werden intendiert. Die Entpersonalisierung im
Schul-, Bildungs- und öffentlichen Leben ist zugleich
eine Entspiritualisierung, das ist weithin unverkennbar – und in den Schulen bedeutete die Streichung
des Präsenzunterrichtes eine Katastrophe für Millionen von Kindern und Jugendlichen. Die Beziehung
zur Lehrerin und zum Lehrer, die im Kern eine geis-
tig-seelische Beziehung ist, kann durch keinen Bild-
schirm ersetzt werden. Der Geist des Lebens zieht
sich hier mit dem Leben des Geistes zurück.

Unverkennbar ist auch, wie sehr sich der Raum des
Öffentlichen zuletzt verdunkelt hat, der Raum des
Öffentlichen, der eigentlich in der Erörterung wider-
streitender, pluraler Meinungen in einer Gemein-
schaft von politisch Gleichen besteht und in dieser
Erörterung sich ereignet. Die Polis, so betont Han-

nah Arendt in ihren wegweisenden Studien zum Totalitarismus des 20. Jahrhunderts, entstand durch das «dauernde Miteinandersprechen» der Bürger. Aristoteles sprach von der *philia*, der Freundschaft zwischen den Bürgern, als einem Grunderfordernis des Gemeinwesens. «Meinungen entstehen nur, wo Menschen frei miteinander Verkehr pflegen und das Recht haben, ihre Ansichten öffentlich kundzutun; und diese Ansichten in ihrer schier unendlichen Mannigfaltigkeit bedürfen in der Tat auf das Dringendste einer Reinigung und einer Vertretung.» (Arendt[6]) Im Sprechen entstehe erst eigentlich «Menschlichkeit». Das so verstandene «Besprechen» der Corona-Maßnahmen oder alternativer Vorgehensweisen aber ist gegenwärtig selbst in demokratisch regierten Ländern so gut wie unmöglich. Von der Freiheit des anderen Denkens und der Freiheit des Andersdenkenden konnte in den letzten eineinhalb Jahren im Hinblick auf die zentrale Krise kaum die Rede sein – noch weniger von der Denk-Möglichkeit, dass der jeweils andere am Ende recht haben könnte. Zumindest in meinem Heimatland Deutschland – einem Land, so Arendt am 28. September 1959 in Hamburg, «wo man noch weniger als anderswo begreifen mag, was Kritik ist»[7] – war das meiner Erfahrung nach so; abweichende Auffassungen wurden unverzüglich disqualifiziert und abwertend kategorisiert («Querdenker», «Okkultist»), ohne in einen differenzierten argumentativen Diskurs überhaupt nur einzutreten. Der sogenannte «Stand der Wissenschaft» oder kritiklos gehandelte, «objektive» Zahlen beendeten jede Debatte, sofern es sie überhaupt gab. «Man könnte wohl sagen, dass die lebendige Menschlichkeit eines Menschen in dem Maße abnimmt, in dem er auf das Denken verzichtet und sich den Resultaten, den bekannten oder auch unbekannten Wahrheiten anvertraut und sie ausspielt, als seien sie Münzen, mit denen man alle Erfahrungen begleichen kann.» (Arendt[8]) Andere «Erfahrungen» als die gewünschten werden kaum zugelassen oder angehört – zunehmend von beiden polaren Seiten der aggressiven Auseinandersetzung nicht, von den Maßnahmenbefürwortern wie ihren Gegnern, auch wenn deren Macht- und Zahlenverhältnisse denen von Goliath und David ähnlich sind. Hannah Arendt sprach von der «Unmenschlichkeit», die dem Begriff der «*einen* Wahrheit*» anhaftet,[9] und man konnte plötzlich wieder verstehen, wie sie das meinte, und dies auch innerhalb parlamentarischer Regierungsformen. Die intendierte und stellenweise erzwungene Konformität ist und bleibt überaus bedenklich:

Einhellige Meinungen sind eine bedrohliche Erscheinung und gehören zu den Kennzeichen unseres modernen Massenzeitalters. Sie zerstören das gesellschaftliche wie das persönliche Leben, das auf der Tatsache beruht, dass wir von

Natur aus und von unseren Überzeu-
gungen her verschieden sind. Denn dass
wir unterschiedliche Ansichten vertreten
und uns bewusst sind, dass andere Leute
über dieselbe Sache anders denken als
wir, bewahrt uns vor jener gottähnlichen
Gewissheit, welche allen Auseinandersetzungen ein Ende bereitet und die gesellschaftlichen Auseinandersetzungen
auf einen Ameisenhaufen reduziert. Jede
Einhelligkeit in öffentlichen Meinungen
tendiert dazu, Andersdenkende physisch
zu beseitigen, denn massenhafte Über-
einstimmung ist nicht das Ergebnis einer
Übereinkunft, sondern ein Ausdruck
von Fanatismus und Hysterie. Im Ge-
gensatz zur Übereinkunft bleibt eine
vereinheitlichte Meinung nicht bei ir-
gendwelchen genau definierten Zielen
stehen, sondern breitet sich wie eine In-
fektion auf alle benachbarten Angelegenheiten aus.[10]

Auch diese «Ausbreitung», die keine mikrobielle ist,
haben wir erlebt, und es ist töricht, davor die Augen
zu schließen.

Zu den Ängsten der Gegenwart gehört bei nicht
wenigen Menschen auch die Möglichkeit einer bio-
politisch motivierten Gesellschaftsdeformation, eine

«Medikalisierung» und Enteignung des Leibes und der Gesundheit (Ivan Illich[11]) im Dienst der technologischen «Optimierung» und Steuerung der Menschheit – eine Entwicklung, die Hannah Arendt bereits vor einem halben Jahrhundert intensiv beschäftigte. Nicht nur in ihrem epochalen Werk über «Ursprung und Elemente totaler Herrschaft» (1951) schrieb die brillante Gesellschafts- und Politikphilosophin darüber, sondern auch in ihren Darstellungen zur «Vita activa». Bereits im Vorwort dieser Publikation aus dem Jahre 1958 (damals unter dem englischen Originaltitel «The Human Condition») wies sie auf entsprechende Gefahrenpotenziale hin – sowie auf das Problem, dass wissenschaftliche Bemühungen zur «Optimierung» des Menschen eine politische Frage «ersten Ranges» seien. Die Frage der Anwendung entsprechender technologischer Optionen sei, so Arendt, im Rahmen der Wissenschaft unbeantwortbar und könne dort nicht einmal sinnvoll gestellt werden, «weil es im Wesen der Wissenschaft liegt, jeden einmal eingeschlagenen Weg bis an sein Ende zu verfolgen». Sie könne schon aus diesem Grund nicht gut der Entscheidung von Fachleuten, «weder den Berufswissenschaftlern noch den Berufspolitikern», überlassen bleiben.[12] Es ist in Zeiten der Corona-Krise unschwer zu sehen, wie sich die eigentliche Politik der Polis längst zurückzog und das Feld den ökonomisch-industriellen Interessen, wissenschaftlichen «Fachleuten» und «Berufspolitikern» in Form von Krisenmanagern überließ, die mit weitgehenden Notverordnungen auf der Basis von «Gesetzesnovellen» regieren. Das Leben der Kultur und des Geistes ist – zumindest in der Öffentlichkeit – im Modus der Dauerkrise kaum noch möglich; ein hochanerkannter Philosoph wie Giorgio Agamben mit seiner kritischen Stimme[13] wird im offiziellen Italien gegenwärtig so gut wie totgeschwiegen. Von Großdemonstrationen in vielen europäischen Städten – wie zuletzt in Frankreich nach Einführung des «Gesundheitspasses» – wird in den «Leitmedien» kaum berichtet.

Freilich gibt es nicht nur ein *öffentliches* Leben des Geistes. Sehr viele Menschen haben seit Ausbruch der Corona-Krise mit all ihren Facetten auch positive, zukunftsweisende innere Erfahrungen machen können, sind wichtige geistige Wege gegangen – im Austausch und in der Begegnung mit anderen, gegebenenfalls auch über «Zoom», im ideellen Studium und in der Sphäre der Konzentration und Meditation. Die direkten menschlichen Begegnungen sind sehr viel seltener, aber oft intensiver geworden, erhielten ein neues und anderes Gewicht. Neue menschliche Beziehungen entwickelten sich unter den schwierigen Umständen, gaben Kraft und Mut zum Leben und Überleben. «Dass eine neue Seelenwelt unter den Menschen begründet werden muss», ist ein michaelischer Auftrag, so sagte Rudolf Steiner 1924 zu jungen Menschen,[14] und manches davon wurde in der jüngsten Vergangenheit Realität. Dennoch – trotz all der positiven Erlebnisse in diesem Feld, die weiter, detaillierter und ausführlicher entfaltet werden könnten, ja, müssten –, dennoch aber ist und bleibt die «innere Emigration» ein Problem für das Leben des Geistes, wie ich meine, der Rückzug in die «Unsichtbarkeit des Denkens und Fühlens» (Arendt). Die erzwungene Flucht aus dem Welt- in das Selbst-Bewusstsein schwächt die angeschlagene «Polis» oder den gemeinsamen öffentlichen Raum weiter, entzieht dem gesellschaftlichen «Zwischen» wichtige Kräfte – und überlässt diesen sich selbst respektive den eh schon dominanten Kräften (und ihrer Fundamentalopposition). Es ist uns, wie ich glaube, allen klar, dass gegenwärtig nicht der Rückzug ins Private die Losung sein kann, nicht einmal der Rückzug in den geisteswissenschaftlichen Studienkreis, sondern die geistige Auseinandersetzung gefordert ist, so schwierig sie auch sein mag, und dies im medizinischen, psychologischen, pädagogischen, sozialen, ökologischen und letztlich auch politischen Bereich. Wir müssen diese Auseinandersetzung auf fachlichem Feld führen, denn es geht um nichts weniger als um die Gestalt der Zukunft. Wir sehen gegenwärtig oft noch keinen Weg eines sinnvollen und aussichtsreichen Vorgehens in der globalen Krise, die viele Bereiche erfasst, nicht zuletzt den ökologischen, und mit den Zerstörungen des herrschenden Wirtschaftssystems im Zusammenhang steht. Dieses «Noch nicht» aber kann und muss sich verändern, und wir müssen alle möglichen Ansätze kreativ verfolgen, mit einer gewissen inneren Haltung, die der Anthroposophie und ihrem Auftrag gemäß ist. Worin könnte eine solche «michaelische» Haltung im Leben des Geistes zu dieser Zeit bestehen, so möchte ich fragen, und im Folgenden einige Aspekte benennen, die mir dabei von Bedeutung scheinen.

Ich denke, dass zu dieser michaelischen Haltung zuallererst ein wirkliches Bewusstsein der Situation gehört, in der wir uns befinden, auch der Gefahrensituation, nach Möglichkeit ein situatives Gesamtbewusstsein – angesichts der tatsächlichen Komplexität der Lage. «Es kommt darauf an, ganz gegenwärtig zu sein» und weder dem Vergangenen noch dem Zukünftigen «anheimzufallen», betont Karl Jaspers 1951 in seiner Einleitung von Arendts Schrift «The Origins of Totalitarianism».[15] Jaspers, dessen Ehefrau Gertrud Jüdin und mit der Anthroposophin Maria Krehbiel-Darmstädter bis zu deren Deportation nach Gurs und weiter nach Auschwitz befreundet war,[16] lebte und lehrte ab 1948 in Basel, enttäuscht von der deutschen Gesellschafts- und Hochschulentwicklung nach 1945, und wurde dort wiederholt von seiner Meisterschülerin Hannah Arendt besucht, mit der er sich in einem intensiven geistigen Austausch befand.[17] Jaspers war bis zuletzt ein kritischer Zeitgenosse, gerade auch gegenüber Deutschland, seinem

18

Heimatland, in das er so viel Hoffnung gesetzt hatte.[18] Wir brauchen den «wachen Widerstand des aufmerksam eindringenden Blickes», über den Josef Pieper einmal in Anlehnung an Thomas von Aquin geschrieben hat.[19] Sehr viel steht gegenwärtig für die Zukunft der Gesellschaft und Menschheit auf dem Spiel, und die Sorgen von Randgruppen der Gesellschaft – oder von solchen, die dazu gemacht werden – sind meines Erachtens in vielem berechtigt, auch wenn sich darunter zahlreiche schrille und extreme Stimmen finden, die auch ihrerseits jedem offenen Diskurs entgegenstehen. «Michaels Sorge um die Menschheit», von der Rudolf Steiner in den Leitsatzbetrachtungen zum 19. Jahrhundert schreibt, hält an. Diese Sorge gilt es zu teilen und auszuhalten, soweit uns dies möglich ist. Rudolf Steiner erwartete, dass sich Anthroposophen eingehend mit Gefahren und zerstörerischen Kräften ihrer zeitgenössischen Wirklichkeit auseinandersetzen, ohne diese vorschnell ins Feld der «Verschwörungstheorien» zu verbannen. Auch Michael musste und muss aushalten, was an Abgründen den Menschen und die Menschheit gegenwärtig umgibt. Wir können und dürfen uns nicht davon abwenden. Thomas von Aquin lehrte, dass die Tapferkeit nicht nur der Furchtsamkeit gegenübersteht, sondern auch der seinswidrigen Furchtlosigkeit, die die Gefahren ignoriert oder bewusst nicht zur Kenntnis nimmt, ausblendet. Wir müssen uns ein eigenes Urteil über dasjenige bilden, was uns umgibt, auch wenn es nicht einfach ist. Das selbstständige Denken in einer globalen Krisen- und Gefahrenlage erfordert nicht nur Intelligenz, Studium kritischer Literatur, Fleiß und Tiefsinn, sondern auch Mut. Es gehört essenziell zur michaelischen Haltung, und Rudolf Steiner schritt hier voran. Allein über die Entstehungsumstände des Ersten Weltkrieges studierte und sammelte er über 200 Publikationen, wie seine Bibliothek ausweist. Er hätte es sich auch einfacher machen und sich mit schlichteren Antworten zufrieden geben können, tat es aber nicht.

Zu einer michaelischen Haltung im Zeitgeschehen gehört meines Erachtens des Weiteren der Wille und das Vermögen, die Öffentlichkeit nicht aufzugeben – und den Weg in die innere Emigration *nicht* anzutreten, so berechtigt die Sehnsucht danach in Krisenzeiten ist. Hannah Arendt trat energisch für eine Wiederherstellung der «Würde der Politik» ein, des öffentlichen Gemeinwesens im oben gekennzeichneten Sinn. Mit der Weihnachtstagung 1923/24, so machte Rudolf Steiner deutlich, ist die Anthroposophische Gesellschaft zu einer durchaus «öffentlichen Angelegenheit» geworden. Die Anthroposophische Gesellschaft tritt in der Öffentlichkeit auf – und sie sollte die Öffentlichkeit, die «Polis» im Sinne Arendts, zu ihrer Angelegenheit machen und dem «Absterben des Politischen» nicht tatenlos zusehen. Sie, die Anthroposophische Gesellschaft, ist selbst Teil dieser Öffentlichkeit. Dies ist, wie ich meine, nicht nur notwendigerweise so, im Sinne eines exoterischen Tributs, einer unumgänglichen Aufgabe oder Last, sondern liegt auf der Linie Michaels, ist in seinem Sinne. Es geht um die entscheidenden Angelegenheiten des menschlichen Zusammenlebens, der Verfasstheit der Gesellschaft, um Dinge, Zustände und Vorgänge, die über das Sein der Zukunft mitentscheiden. Die «Sorge» Michaels, seine Sorge um das Leben des Geistes und um die Menschheit, ist damit verbunden, noch immer, wie ich sagte. Insofern die Anthroposophische Gesellschaft eine durchaus öffentliche ist, aber hat sie die Chance und Aufgabe, in Krisenzeiten wie der gegenwärtigen den pluralen Diskurs, den echten Dialog, auch *in sich* zu führen. («Erst indem wir darüber sprechen, vermenschlichen wir das, was in der Welt, wie das, was in unserem eigenen Innern vorgeht, und in diesem Sprechen lernen wir, menschlich zu sein.») Wir könnten, indem wir dies tun, ein Modell für die größere Gesellschaft schaffen. Wir könnten zeigen, dass es auch und gerade auch in Corona-Zeiten geht – in differenzierter, offener, kritischer und friedvoller Weise. Nach Giovanni Maio besteht der eigentliche Reichtum des Gespräches darin, dass sich «im Miteinandersprechen etwas ganz Neues ereignet».[20] «Es eröffnet einen ganz neuen Raum, den man gemeinsam betritt.»[21] Im wirklichen Gespräch, so Hans-Georg Gadamer, erfahren wir nicht nur Neues; uns begegnet im anderen vielmehr etwas, «was uns in unsrer eigenen Welterfahrung so noch nicht begegnet war»[22]. Es kann sich dabei eine «Verwandlung ins Gemeinsame hin» ereignen, «in der man nicht bleibt, was man war».[23] Dieses «Gemeinsame» auf der Basis unterschiedlicher Erfahrungen braucht die Anthroposophische Gesellschaft wie die Gesellschaft überhaupt, gerade auch im Umgang mit der Corona-Krise in ihren vielen Facetten.

Zur michaelischen Haltung, zu der von Michael erwarteten und ermöglichten Haltung in unserer Zeit, gehört auch unsere Spontaneität und Originalität, unsere Möglichkeit und Fähigkeit, aus schwierigen, unvorhersehbaren, einzigartigen, mitunter auch einzigartig tragischen Situationen etwas zu machen, mit eigener Urteilskraft und Sinngestaltung, in je neuer Weise. Viktor Frankl verstand das Gewissen als «Sinnorgan»; wir können jeder Situation, die uns trifft und daher auch meint, einen konkreten Sinn entnehmen und müssen das auch, vielleicht heute mehr denn je. Wir können die in «Liebe getauchten Intuitionen» situativ finden und ihnen gerecht zu werden versuchen. Wir können uns nicht nur «anpassen» und «wegducken», oder aber die Rolle des hyperkritischen, superklugen und apokalyptischen Kommentators einnehmen, sondern müssen initiative Antworten finden, Antworten in der Liebe zur Handlung, in der «reinen Liebe zur auszuführenden Handlung». Dies ist der Weg Michaels, und er erfordert «freudigen Mut», wie es bei Hölderlin heißt, er erfordert die Entzündung des geistigen «Herzens-feuers» und das Vertrauen in die Kraft des Wahren. Wir brauchen Mut zur Verwirklichung des von uns als richtig Erkannten, eine neue innere, tragende Sicherheit in Zeiten allwaltender Angst und Verstörung. Die Sicherheiten der Zukunft sind nicht in der Außenwelt zu finden, in ihren diversen Schutzvorkehrungen, Vorsorgen und – mitunter – inhumanen Absurditäten, wohl jedoch im inneren Leben des Geistes.

Dort aber betreten wir zugleich die Sphäre der Hoffnung – und es scheint mit zum Wichtigsten der Gegenwart zu gehören, dass wir diese Hoffnung nicht verlieren, sondern aktiv entwickeln und ausstrahlen. Sie gehört zum Leben des Geistes, gehört zu den Fundamenten dieses Lebens. Gemeint sind hier nicht Naivität und Illusion, wohl aber Licht und Zuversicht. Der Mensch ist ein Werde-Wesen, und er ist unterwegs, nicht fertig und nicht festgestellt, sondern unterwegs oder auf dem Wege – selbst in den Zeiten eingeschränkter Bewegungsfreiheit. Er ist im *status viatoris* und hat viel Ungelebtes und Unentwickeltes in sich. Auch in gegenwärtigen Zeiten ist Wachstum möglich, positives Werden in vielen Bereichen. Dieses Werden aber vollzieht sich nicht naturgesetzlich und «von selbst», sondern muss von einer Atmosphäre der Hoffnung umgeben sein, die das Werden ermöglicht, der Werdensbewegung hilfreich entgegenkommt. Karl Schubert sprach einmal darüber, dass jedes Kind mit einem «Mantel der Hoffnung» von uns umgeben werden sollte, durch den und in dem es sich entwickeln kann. Gehört es nicht zur Aufgabe der Anthroposophie und der Anthroposophischen Gesellschaft – sowie ihrer Freien Hochschule für Geisteswissenschaft, mit ihrer Lebens- und Werdelehre –, eine solche Atmosphäre der Hoffnung zu schaffen und zu verbreiten, die unbeirrbar auf die mögliche Seinsbewegung zum Guten setzt? Trotz aller Schwierigkeiten und Gefahren? Die Möglichkeit der Selbstverwirklichung des Menschen und der humanen Gesellschaft ist tatsächlich, wie ich meine, an die Substanz der Hoffnung gebunden! Der thomistische Philosoph und Theologe von der Universität Münster, Josef Pieper, rechnet, von Thomas von Aquin herkommend, die Hoffnung wie die Liebe zu den «Ur-Gebärden des Lebendigen»[24], und das ist sie auch. Der Arzt Christoph Wilhelm Hufeland schreibt über die innere Haltung von Ärzten und Helfenden: «Wer nicht mehr hofft, denkt auch nicht mehr […], und der Kranke muss notwendig sterben, weil der Helfer schon gestorben ist.»[25] Statt einer negativen Prognose des kommenden Unterganges erwartete Rudolf Steiner von den anthroposophischen Ärztinnen und Ärzten, aber auch von den Heilpädagoginnen und Heilpädagogen, den Therapeutinnen und Therapeuten – letztlich von uns allen – einen «Mut des Heilens». Dafür brauchen wir, in der Heilkunst wie in der Gesellschaft, eine «Liebe der

Hoffnung» oder eine Liebe zur Hoffnung, eine *amour d'espérance*, wie Franz von Sales dies nannte. Wir können, gerade auch gegenwärtig, die bestehenden Schwierigkeiten und Gefahren bis in alle Details analysieren, und müssen das wohl auch; aber wir können und dürfen dabei in keiner Weise stehen bleiben. Es geht um eine Entscheidung für die Zukunft, um eine Willensbewegung zur Zukunft, um eine Hoffnung, die nicht nur eine Stimmung der Seele, sondern ein geistiger Akt, ein aktiver, willentlicher Vollzug ist. Nur dadurch finden wir den Zugang zur Erneuerungswelt, zur Welt der «verjüngenden» Kräfte, von denen Rudolf Steiner spricht. «Gott ist jünger als alle», sagt Augustinus.[26] Sehen wir uns «horizontal» um, in der Welt der gewordenen Ökonomie und Ökologie, der Naturzerstörung und Ausbeutung von Naturreichen und Menschen, in der Welt der Superreichen und Mächtigen, die selbst von der gegenwärtigen Krise massiv profitieren,[27] so finden wir wenig oder keinen Anlass zur Hoffnung. Es gibt jedoch einen inneren Begriff der «übernatürlichen Hoffnung», der über diese Horizontale hinausgreift. Er meint für mich nichts schlechthin Jenseitiges oder «Theologisches», sondern zielt, in meiner eigenen Lesart, auf eine Werde- und Seinsmöglichkeit, die noch nicht durch sinnenfällige Parameter und Gegebenheiten gedeckt, aber dennoch in sich begründet ist. Wir können diesen Quell der «übernatürlichen Hoffnung» in uns tragen und aus ihm wirken – und ich glaube, dass die Entstehungs- und Erfolgsgeschichte der anthroposophischen Institutionen trotz allen Krisen lange Zeit von diesen konkreten Hoffnungskräften getragen war. Sie sollte es auch in Zukunft sein! Die Menschen, die in der Gegenwart etwas Zukünftiges beginnen, die Zukunft in die Gegenwart hereinholen oder hereinbitten, haben ausstrahlende und aufbauende Kraft; sie überwinden die Resignation in sich und in ihrer Umgebung, ja, geradezu in den Verhältnissen des Lebens. Bei Jesaja, im Hoffnungsbuch Israels, heißt es: «Es werden ihnen Schwingen wachsen gleich den Adlern. Sie werden laufen; unangestrengt. Sie werden wandern: unermüdbar.» (Jes 40,31). Franz Rosenzweig und Martin Buber übersetzen: «Aber die SEIN harren, / tauschen Kraft ein, / wie die Adler treiben sie Schwingen, / sie rennen und werden nicht müde, / sie gehen und werden nicht matt.»[28] Wir alle kennen diese Kräfte, haben sie manchmal im Aufbruch erfahren, im Aufbruch und Anbruch der Zukunft. Anthroposophie müsse so etwas werden wie ein inneres «Auferstehungsfest der Menschenseele», sagt Rudolf Steiner, sie müsse eine österliche Stimmung in die Weltanschauung – und Weltbegegnung – des Menschen bringen.[29] *«Hoffnung leg' ich in jegliches Tun ...»*[30]

Die anthroposophischen Initiativen, die vor ungefähr einhundert Jahren in den verschiedenen Lebensfeldern der Zivilisation begannen, waren von dieser

26

konkreten Hoffnung getragen – und wurden von Rudolf Steiner als gesellschaftliche Modelle verstanden, als praktische Erweise gelingenden Lebens.[31] Dabei war stets klar, dass es sich um improvisierte Anfänge handelte – nichts war vollendet und perfekt. Die Hoffnung, so lehrt Thomas von Aquin, hat sich stets vor der «Vermessenheit» oder «Vorwegnahme» zu hüten, der *praesumptio*, der «Vorwegnahme der Erfüllung». Vermittelt man den Anschein oder lebt selbst in dem Bewusstsein, dass die eigene Einrichtung – der Waldorfbewegung oder der Anthroposophischen Medizin, der Demeter-Landwirtschaft oder der Heilpädagogik, des anthroposophischen Bankwesens oder der Christengemeinschaft – schon das Signum der «Erfüllung» trägt, so löst man ihren Weg-Charakter auf, ja, zerstört ihn geradezu. Man ist im Grunde destruktiv tätig, so destruktiv wie der Hoffnungslose, nur von der polaren Seite herkommend, indem man die Umdeutung des «Noch nicht» in das «Schon» der Erfüllung vollzieht. Augustinus sprach von einer *perversa securitas*, einer unechten Sicherheit der Vermessenheit, die nicht nur luziferisch oder hochmütig ist, arrogant und selbstüberschätzend, sondern die eigentliche Substanz der Hoffnung verfremdet und entstellt. Josef Pieper hat darüber sehr gut geschrieben, und dieser Sachverhalt scheint mir von Bedeutung für die Anthroposophische Gesellschaft und Bewegung zu sein. Die Verzweiflung nimmt die Nicht-Erfüllung oder prinzipielle Nicht-

Erfüllbarkeit vorweg; die Vermessenheit dagegen die Erfüllung. Beide untergraben die wirkliche Hoffnung des «Noch nicht», der realen Utopie im Herzen. Die Anthroposophische Gesellschaft und ihre Hochschule müssen sich zwischen diesen Polen bewegen, wenn sie eine michaelische Haltung zu den Zeitereignissen einnehmen wollen. Zu dieser Haltung gehört für mich die Hoffnung, die Hoffnung *als Substanz*.

Wir sollten «Bilder» des dennoch möglichen Gelingens – in einer Pandemie der Angst und Verzweiflung – in uns tragen und nicht nur apokalyptische Gefahren aufzeigen. Zu «bildhaftem Seelenleben müssen wir wieder zurück», sagte Rudolf Steiner zu jungen Menschen.[32] Wir brauchen Imaginationen oder Visionen des konkreten Aufgangs und nicht nur des Untergangs, und wir müssen sie in schwierigen und immer schwieriger werdenden Zeiten gemeinsam ausbilden. Im sogenannten «Michael-Kultus» in den ersten Jahrzehnten des 19. Jahrhunderts entwickelten die beteiligten Seelen oder Individualitäten *«gemeinsam* gewobene kosmische Imaginationen», so betont Rudolf Steiner, «mächtige Bilder eines Zukunftsdaseins».[33] Dabei erwachte in ihnen der «Drang» zur Anthroposophischen Gesellschaft – als einer durchaus öffentlichen Initiative und Angelegenheit.[34]

Ja, diese Anthroposophische Gesellschaft ist zukunftsoffen konzipiert; sie steht im Zeichen einer

Ankunft, einer Ankunft der Zukunft in der Sphäre des Menschlichen und Zwischenmenschlichen, die es zu verteidigen und weiterzuentwickeln gilt. Dem vermeintlichen oder realen «Untergang des Abendlandes» wollte Rudolf Steiner einen Aufgang entgegensetzen, im Zeichen der Morgenröte, der «Aurora» im Sinne Jakob Böhmes. Dies sollte, wie ich meine, nach wie vor maßgebend für uns sein.

Ita Wegman und Jules Sauerwein, Casa Andrea Cristoforo,
Ascona, in den Jahren des Zweiten Weltkriegs.
© Ita Wegman Archiv, Arlesheim

Von der Hoffnung und vom Vertrauen in die Zukunft

Casa Andrea Cristoforo, Ascona,
12. September 2021

> Ich hoffe, dass wir uns in der Arbeit innerlich verstehen und weiter zusammenhalten und uns zusammenfinden.[35]

Im Februar 1921 erschien zum 60. Geburtstag Rudolf Steiners ein Buch in München in einem nichtanthroposophischen Verlag, das seine Lebensarbeit bis zu diesem Zeitpunkt würdigte und den Titel trug: *Vom Lebenswerk Rudolf Steiners. Eine Hoffnung neuer Kultur.*[36] In der «Christlichen Welt» schrieb der Theologe und Pazifist Walther Nithack-Stahn, ein Berliner Kollege des Herausgebers Friedrich Rittelmeyer, es handle sich um ein «mutiges» Buch, denn der Name Steiner genüge, «denen, die sich öffentlich zu ihm bekennen, in weiten Kreisen den wissenschaftlichen Charakter, wenn nicht die volle geistige Normalität abzusprechen». Nithack-Stahn selbst sah das offenbar anders. «Es ist kaum übertrieben, dass Rudolf Steiner gegenwärtig in Deutschland die stärkste Persönlichkeitsmacht darstellt [...]. Seit 40

Jahren lebt und schafft er so Ungeheures, und wir kennen ihn nicht.» Das Buch strahle in vielfachen Lichtbrechungen einen Geist aus, «dessen überreiche Lebensleistung auch dem Nichtüberzeugten den imponierenden Eindruck einer kaum fasslichen Spannweite hinterlässt». Der Philosoph Hans Leisegang, einer der markantesten Kritiker Steiners, nannte das von Rittelmeyer herausgegebene Buch dagegen das «verlogenste Machwerk der Weltliteratur».[37] Michael Bauer, der mit seinem langen Aufsatz «Rudolf Steiner und die Pädagogik» einen zentralen Beitrag zu dem Sammelband beisteuerte und an dessen Gesamtkonzeption von Anfang an beteiligt gewesen war, schrieb am 29. April 1921 an Friedrich Rittelmeyer über Rudolf Steiner: «Mehr im Kampf wie dieser Mann kann man wohl kaum stehen. Ein Glück, dass er nun eine Schar Wächter hat, die nicht jede Verleumdung unwidersprochen lassen. Unser Buch muss jetzt durch seine ganz ruhige, sachliche, vielseitige Art seine Aufgabe erfüllen.»[38] *Vom Lebenswerk Rudolf Steiners. Eine Hoffnung neuer Kultur* war in einer Auflage von 4000 Exemplaren in wenigen Wochen ausverkauft.

Ein halbes Jahr nach der Bucherscheinung veröffentlichte Rudolf Steiner am 21. August 1921 seinen ersten Leitartikel im Eröffnungsheft der «Internationalen Wochenschrift für Anthroposophie und Dreigliederung *Das Goetheanum*» und überschrieb ihn mit den Worten: «Die Weltlage der Gegenwart und die

Gestaltung neuer Hoffnungen». Es ging Rudolf Steiner nicht nur um «die» Hoffnung, sondern um Hoffnungen im Plural, die zudem mit dem Adjektiv des Neuen versehen wurden. Nicht die Wiederbelebung alter Aussichten und Visionen war gemeint, sondern etwas ganz anderes, Neues und Unvorhergesehenes tat Not für die Ermöglichung der wirklichen Zukunft. Und dieses Neue und Andere sollte nicht nur erwartet oder ersehnt, sondern tatsächlich «gestaltet» werden. Oder vielmehr: Die «Hoffnungen» auf dieses An- und Zukommende sollten «gestaltet» werden. Von der «Gestaltung» einiger konkreter «Hoffnungen» in verschiedenen Lebensgebieten war in Rittelmeyers Sammelwerk die Rede. Was aber ist die Hoffnungskraft in der menschlichen Seele überhaupt? Und in welcher Beziehung steht sie zum menschlichen Willen als einer elementaren Zukunftskraft?

Die eingehende Beschäftigung mit Rudolf Steiners Lebensgang zeigt, wie sehr seine Vita und sein Werk von Zukunftskräften durchwirkt waren, von der «Gestaltung neuer Hoffnungen», entgegen allen Widerständen und «unbewussten Zaghaftigkeiten», auch entgegen der «unbewussten spirituellen Feigheit» eines Zeitalters,[39] einer «Feigheit», die uns nicht nur umgibt, sondern auch bestimmt, unsere eigene Seele kennzeichnet, wenn auch nicht ausschließlich. Sergej O. Prokofieff bezeichnete Steiners «Philosophie der Freiheit», die 1893/94 erschien, einmal als das erste «michaelische Buch» nach Anbruch der Michael-Epoche im Jahr 1879. Es ist ein Buch zur «Ermutigung des Menschen» und zeigt auf, inwiefern der Mensch ein zur Freiheit *befähigtes* Wesen ist – ein Wesen, das sich eigene, bewusste Motive und Ziele setzen und in den handelnden Willen aufnehmen kann, ein Wesen, das zur situativen Wahrheitserkenntnis – auch im eigenen Inneren – befähigt ist. Der Mensch der «Philosophie der Freiheit» ist ein sich ausbildendes, auf dem Weg seiendes Wesen, das die Möglichkeit dazu hat, in Weltverbundenheit eigenständige Sinngestalten zu erschließen und der werdenden Welt einzuprägen, ein Wesen, das einen Aufstieg auf den Bahnen des bewussten Willens vollziehen kann. Das «große Vertrauen in den Geist», von dem Rudolf Steiner im Zusammenhang der Michaeli-Zeit wiederholt als einer Entwicklungsanforderung sprach, ist in diesem Buch der «Philosophie der Freiheit» veranlagt, in der Überwindung von Kräften des Zweifels, der Antipathie und der Furcht. Michael führt in «Seelentiefen» und ist an der «Durchlichtung» des menschlichen Seelenlebens interessiert – nicht im Sinne einer Selbst-Vervollkommnung oder gar Perfektion, sondern als Voraussetzung eines menschlichen Arbeitens in der Welt und für die Welt. Wenn es dem Menschen ein Anliegen ist, des «Welten-Willens» «Liebe-Wort» in die «Höhenziele» der eigenen Seele wirksam aufzunehmen,[40] so muss er sich weiten; er muss sich weit über die eigene

Enge und Egoität hinaus entwickeln – und initiativ werden, in seinem eigenständigen, aber weltbezogenen Denken und handelnden Tun. *Initium ut esset, creatus est homo* – «damit ein Anfang sei, wurde der Mensch geschaffen», betont Augustinus,[41] und von diesem «initiativen» Anfang handelt auch die «Philosophie der Freiheit». Zukunft hat in der anthroposophischen Bewegung nur das, so unterstreicht Rudolf Steiner, «was aus der inneren Kraft und den inneren Impulsen der Sache selbst hervorgeht»[42].

Es ist bemerkenswert, was Rudolf Steiner mit dieser Gesinnung und Arbeitshaltung leistete, auch, mit welchem Mut, welcher Eigenständigkeit und Widerstandskraft, welcher Hoffnung und welchem Zukunftselan er vorging – von seinen frühen erkenntniswissenschaftlichen Schriften, die vielen herrschenden Paradigmen widersprachen, über die Durchsetzung seiner eigenen Editionsprinzipien innerhalb der Weimarer Sophien-Ausgabe, über sein umstrittenes Bekenntnis zur Theosophie und Anthroposophie nach der Jahrhundertwende, über sein Eintreten für den Goetheanum- und Hochschulbau und sein öffentliches Engagement für die soziale Dreigliederung und die Freie Waldorfschule bis zum Wiederaufbau des zerstörten Goetheanum und der Neugründung der Anthroposophischen Gesellschaft und ihrer Hochschule. «Man muss den Mut haben, wirklich daran zu denken, dass man auch imstande sei, das zu verwirklichen, was man für das Richtige hält. Ich halte es für Selbstvernichtung, wenn jemand sagt: Wir haben Ideen, die sich verwirklichen lassen, aber ich glaube nicht daran», betonte Rudolf Steiner in der Zeit der württembergischen Dreigliederungs-Initiative.[43] Das «Durchflammen» der Ohnmacht «zaghafter Seelen», die «Verbrennung der Ichsucht» und die «Entzündung des Mitleids», ja, die Selbstlosigkeit als «Lebensstrom der Menschheit» – Steiner kannte und praktizierte das von innen, was er in einem Michaeli-Spruch des Jahres 1919 formulierte.[44]

Ebenso interessant und zukunftsweisend aber ist meines Erachtens, wie er mit den vielen Misserfolgen und Rückschlägen seines Arbeitslebens umging. Die «Philosophie der Freiheit» und sein gesamtes erkenntniswissenschaftliches Frühwerk wurden in der Öffentlichkeit und in akademischen Kreisen ebenso wenig rezipiert wie seine goetheanistischen Arbeiten. Auch seine Hoffnungen auf die Theosophische und später Anthroposophische Gesellschaft, auf ihren inneren spirituellen Gehalt und ihre zivilisatorische Wirksamkeit erfüllten sich zu Lebzeiten nicht. Rudolf Steiners Versuche des Jahres 1917, mit der Konzeption einer Dreigliederung des sozialen Organismus etwas Substanzielles zur Beendigung des Ersten Weltkrieges und zur Schaffung einer Nachkriegsordnung beizutragen, scheiterten – ebenso wie die entsprechende Volksinitiative in Süddeutschland im Frühjahr 1919. Das über viele Jahre aufgebaute Goetheanum fiel einem Brandanschlag zum Opfer und wurde in einer Nacht restlos zerstört; die anthroposophischen Firmenassoziationen und Aktiengesellschaften «Der Kommende Tag» und «Futurum» brachen ökonomisch zusammen, und vieles weitere entwickelte sich wenig erfolgreich. Rudolf Steiner aber arbeitete ständig weiter und sagte:

> Wir sehen so manche Hoffnung, so manche Erwartung hinsterben. Nun könnte man vielleicht wohl sagen: warum macht man sich, wenn man etwas klarer in den Gang der Menschheitsentwickelung hineinblickt, unberechtigte Hoffnungen, unberechtigte Erwartungen? Aber Hoffnungen und Erwartungen sind Kräfte, sind wirksame Kräfte. Wir müssen sie uns machen. Nicht deshalb, weil wir etwa fürchten, sie könnten sich nicht erfüllen, dürfen wir sie unterlassen; sondern wir müssen sie uns machen, weil sie, wenn wir sie hegen, ob sie sich nun erfüllen oder nicht, als Kräfte wirken, weil etwas aus ihnen wird. Aber wir müssen uns auch zurechtfinden, wenn zuweilen nichts aus ihnen wird.[45]

So musste er sich auch «zurechtfinden», als das – von einem Gürtel der Diffamierung und des Hasses umgebene – Goetheanum in Flammen aufging. «[...] Man kann die Stärke des Widerstandes oder die moralische Macht in dem Menschen nur nach der Stärke des Angriffs beurteilen», betont Friedrich Schiller 1793 in seiner Abhandlung «Vom Erhabenen. Über das Pathetische»,[46] und anderswo: «Das Tiefste im Menschen wird in solchen Augenblicken sichtbar.»[47] Es wurde im Falle Rudolf Steiners in der Tat «sichtbar». Die Journalisten der Basler «National-Zeitung» überraschte er im Interview wenige Stunden nach der Katastrophe mit der Aussage, die anthroposophische Arbeit gehe «unentwegt weiter», und er werde wieder bauen.[48] Zu den Arbeitern am Bau, den Handwerkern, die ihn stehend begrüßten, sagte er:

> Sie können [...] überzeugt sein, ich selber werde mich von meinem Wege niemals abbringen lassen, was auch geschieht. Solange ich lebe, werde ich meine Sache vertreten und werde sie in derselben Weise vertreten, wie ich sie bisher vertreten habe. Und ich hoffe natürlich, dass in keiner Richtung hier irgendeine Unterbrechung eintritt, so dass wir auch in der Zukunft in derselben Weise hier am Orte werden so zusammen arbeiten können – wenigstens wird es mein Bestreben sein –, wie es bisher der Fall gewesen ist. Denn es mag auch geschehen, was immer, mein Gedanke ist, dass die Sache eben in irgendeiner

Form wiederum aufgebaut werden muss. Und dazu soll alles gemacht werden, selbstverständlich. Also fortfahren in derselben Weise, wie wir es getan haben, müssen wir. Das ist einfach eine innere Verpflichtung.[49]

Gegenüber den Mitgliedern der Anthroposophischen Gesellschaft, die nach dem Brandinferno verzweifelt und fassungslos waren, unterstreicht Steiner, es gehe darum, aus dem «Zentrum des Geistigen» weiterzuarbeiten, unbeeindruckt von äußeren Hindernissen und Einbrüchen:

Davon hängt doch die wirkliche Perspektive der anthroposophischen Bewegung ab. Sie hängt nicht davon ab, wie viele und wie geartete Schicksalsschläge von außen kommen. Diese müssen mit derjenigen Gesinnung hingenommen werden, die sich aus der anthroposophischen Lebensanschauung von selbst ergibt. Aber dass trotz aller Schicksalsschläge, auch trotz aller günstigen Schicksalsschläge, die innere Energie im Herausarbeiten aus dem Zentrum des Geisteslebens nicht erlahmt, davon hängt dasjenige ab, was mit der anthroposophischen Bewegung erreicht werden soll und auch erreicht werden kann.[50]

Äußerer Erfolg oder Misserfolg zähle in dieser Perspektive nicht, sondern nur dasjenige bedeute etwas, «was aus der inneren Kraft und den inneren Impulsen der Sache selbst» hervorgehe.

> Studieren Sie die Tragiker aller Zeiten. Sie werden sehen, es besteht die Tragik darinnen, dass alles Äußere zusammenzubrechen scheint und dass nur im Innern selber die Kraft ist, die über die Katastrophe hinausführt.[51]

> Derjenige, der jemals den Glauben haben kann, dass ein Geistiges, das recht gewollt wird, durch irgend etwas in der äußeren Welt ganz vernichtet werden kann, wenn auch in der äußeren Maja die Vernichtung da ist, der glaubt nicht in Wirklichkeit an die Schlagkraft der geistigen Impulse, an die Schlagkraft der geistigen Energie. Man muss noch sagen können in dem Augenblicke, wo alles Äußere zugrunde geht: Demjenigen, was aus dem Innern gewollt wird, ist der Erfolg sicher. Aber man darf dann vom Erfolg nur in der Weise sprechen, dass man dasjenige meint, was im Sinne der inneren Impulse, der Gedanken, der Bewusstseinsabsichten selber liegt. Die Dinge, die in der äußeren

Welt sich vollziehen, vollziehen sich in der Regel in einer Weise, die oftmals erst erklärlich wird nach Jahrzehnten, vielleicht nach noch längerer Zeit. Und nach den augenblicklichen Konstellationen die, wenn ich so sagen darf, Regierung der geistigen Welt beurteilen, hieße kleinmütig sein gegenüber dieser geistigen Welt. Die geistige Welt muss sich selbst ihre Stärke und Schlagkraft geben.[52]

Selbst Steiners Kritiker waren von dieser Haltung beeindruckt. Über seinen Vortrag «Was wollte das Goetheanum und was soll die Anthroposophie?», den er im Hans-Huber-Saal des Basler Stadtkasinos hielt, stand in der «National-Zeitung» unter anderem:

Kein Anzeichen von Kleinmut und Verzagtheit war zu erkennen. Zwar bekannte Dr. Steiner freimütig, der Schmerz über den Verlust sei zu groß, als dass er sich schildern ließe. Jedoch erklang andererseits aus seinen Worten so viel innerliches Feuer, so viel unbeugsame Wucht, dass auch wir – die wir mit den Grundsätzen der Anthroposophie nicht einiggehen – zur Überzeugung gelangten, die Bewegung in Dornach habe durch die Silvesterkatastrophe nicht nur

nichts an Lebenskraft eingebüßt, sondern im Gegenteil einen bedeutenden
Impuls empfangen.[53]

Michael Bauer sagte einmal, Rudolf Steiner habe immer klarer den Menschen an einem Entwicklungs-
punkt stehen sehen, wo nur sein Wille noch eine
günstige Wendung schaffen könne. Auch die Er-
kenntnis habe Steiner letztlich von diesem Willen
abhängig gesehen. *«Sein Werk wurde schließlich eine
einzigartige Anstrengung zur Ermutigung des Menschen.»*[54]

*

Folgt man dieser Linie im Lebenswerk Rudolf Steiners, so kann die Frage entstehen, woher er seine
Kräfte der Überwindung und Zuversicht nahm und
woraus sie, diese Kräfte, heute zu gewinnen sind. Die
Frage ist nicht einfach zu beantworten – und das Ge-
heimnis von Rudolf Steiners Leben ist trotz vieler
biografischer und werkbezogener Studien noch immer ungelüftet. Festzuhalten aber ist in jedem Fall,
dass er der Überzeugung war, die anthroposophische
Geisteswissenschaft werde sich trotz aller Kritiker
und Rückschläge äußerer wie innerer Natur in ihrem
Dienst an der menschheitlichen Entwicklung bewäh-
ren und insofern in ferner Zukunft auch Anerken-
nung und Verbreitung finden, ja, lebens- und zivilisa-
tionsgestaltend wirksam werden. Diese Hoffnung

der Anthroposophie und auf die Anthroposophie sei, so sagte Steiner am 6. Mai 1920 in Basel, nicht auf ein «subjektives Wollen» begründet:

[Diese] Hoffnung ist begründet darauf, dass die Menschheit mit Bezug auf ihre seelischsten, wichtigsten Angelegenheiten der Gegenwart und nächsten Zukunft diese Geisteswissenschaft und alles, was lebensvoll mit ihr zusammenhängt, braucht. Darauf wird gerechnet in den Hoffnungen der Geisteswissenschaft, dass diese Geisteswissenschaft gedeihen wird, weil die Menschheit sie braucht, was die Menschheit so verlangt, wie sie eine Erneuerung des Geisteslebens verlangt. Das kann vielleicht für den Augenblick durch Böswilligkeiten, durch Unverstand niedergetreten werden. Für die Dauer aber kann es nicht überwunden werden. Denn was die Menschheit brauchen wird, das wird ihr werden, mögen die Gegner noch so greulich, noch so böswillig oder missverstehend sein, es wird dasjenige, was zum Besten der Menschheit geschehen soll, geschehen, weil es aus inneren, aus geistig-göttlichen Gründen heraus geschehen muss.[55]

Die Hoffnung «auf die Wiedererweckung eines Geisteslebens der Menschheit in neuer Form» ist berechtigt, so betont Rudolf Steiner auch an vielen anderen Stellen seines Lebenswerkes – und die anthroposophische Geisteswissenschaft habe zu dieser Entwicklung «vielleicht gerade in der tiefsten Not und im tiefsten Elend» etwas Wesentliches beizutragen.[56] Gegenwärtig sei das wirkliche Bild der Anthroposophie in der Öffentlichkeit kaum oder nur in sehr verzerrter Form erkennbar, und der dominante Materialismus bestimme das Feld. In einem pädagogischen Vortragszusammenhang führte Steiner am 24. Juli 1924 in Arnheim dazu aus:

> [Aber] wenn man dann in Gedanken ein paar Jahrhunderte weiterdenkt, so darf man, wenn auch sonst nichts, doch die mutvolle Hoffnung haben, dass das Bild sich verändern könnte. Zwar werden diejenigen, die heute so wenig von der Anthroposophie wissen, wie die Römer vom Christentum gewusst haben, das alles sehr phantastisch finden; aber niemand kann in der Welt wirken, der nicht mutvoll auf den sich vor ihm eröffnenden Weg hinschauen kann. Und die Anthroposophen möchten mutvoll auf den sich vor ihnen eröffnenden Weg hinschauen. Deshalb steigen solche Bilder auf.[57]

Dreimal verwendet Rudolf Steiner in den zitierten Sätzen das Adjektiv «mutvoll». Die Anthroposophen sollten eine «mutvolle Hoffnung» in sich tragen und auf die kommende Wendezeit zuleben, sie vorbereiten helfen; sie sollten «mutvoll» in die Zukunft schauen, genauer: «auf den sich eröffnenden Weg», auf den Weg in die Zukunft, auf die Ankunft der Zukunft. «Es wird kommen die Zeit und sie ist schon da …» (Joh 16,32) Oft betont Steiner, dass in den unterbewussten «Seelentiefen der gegenwärtigen Menschheit» etwas wie eine «Sehnsucht» nach einer geisteswissenschaftlichen Weltanschauung bestehe – und etwas wie eine Hoffnung auf sie existiere.[58] Eine «Zeit des Umschwungs» werde kommen oder sei schon da, eine Zeit, «wo uns Ahnungen aufgehen sollen, wie es im weiteren Verlaufe der menschlichen Kulturentwickelung auf der Erde werden soll, wie ein Umschwung stattfinden soll von einer rein materialistischen zu einer spirituellen Weltauffassung».[59] Eine «gewisse Hoffnung auf die Zukunft» sei berechtigt, so führt Rudolf Steiner wiederholt aus; es handle sich um eine «*begründete* Hoffnung».[60]

Der «Geist der Hoffnung in die Zukunft» und der «Geist der Erwartung» waren von Anfang an nicht nur Aspekte von Steiners Lehrtätigkeit, sondern seiner ganzen Lebenshaltung im elanvollen, initiativen Aufbau der anthroposophischen Bewegung nach der Jahrhundertwende, ausgehend von Berlin.[61] Er sprach von «Impulsen von Hoffnung und Sehnsucht», ging dynamisch voran und zeigte reale Möglichkeiten konkreter Utopien auf. Steiner lebte ganz offenbar aus und mit den entsprechenden Kräften, und er vermittelte sie auch anderen weiter. Am 2. Dezember 1912 sagte er in Nürnberg:

> Das was wir im Leben brauchen als im eminentesten Sinne belebende Kräfte, das sind die Kräfte der Hoffnung, der Zuversicht für das Zukünftige. Der Mensch kann ohne die Hoffnung überhaupt nicht einen Schritt im Dasein machen, insoweit es der physischen Welt angehört.[62]

Die von Rudolf Steiner immer wieder angesprochene Hoffnung ist der Anthroposophie als geisteswissenschaftliche Lehre gewissermaßen immanent. Sie ist ihr im Kern an- und zugehörig – und keinesfalls nur eine Lebenshaltung ihres Begründers. Sie ist Teil von ihr, buchstäblich von allem Anfang an – beginnend mit dem anthroposophischen Verständnis des physischen Leibes als eines «Hoffnungsleibes», eines Leibes, der von realen Hoffnungskräften geradezu aufgebaut wurde, wie Rudolf Steiner wiederholt ausführt. Alles Diesbezügliche begann auf dem sogenannten «Alten Saturn», dem Anfang des verleiblichten Menschenwesens in der Sphäre der Wärme. Die Hoffnung, nicht nur als psychologisches Phänomen, sondern als reale Kraft der

Menschwerdung verstanden, hält, so Steiner, bis heute den physischen Leib zusammen und aufrecht. Verzweiflung, Aussichts- und Hoffnungslosigkeit sind krankmachend, pathogen, und bringen unser Daseinsgefüge in Auflösung, zumindest in ihrer chronischen Form.

Der Materialismus und Agnostizismus hat dem Menschen die Hoffnung als «Grundkraft» der Seele geradezu genommen, so Rudolf Steiner;[63] die Werde- und Lebenslehre der Anthroposophie aber durchdringt ihn neuerlich mit ihr. Sie setzt an die Stelle des sinnlosen Bildes eines aus dem Chaos willkürlich zustande gekommenen materiellen «Kosmos» – als «All» physikalisch-chemischer Körper – ein Panorama des dynamischen Werdens, der Gestaltung, der Entwicklung und Initiative, an der der Mensch wesentlich Anteil hat, ja, die er wesentlich bewirkt – und dies auch weit über sein gegenwärtiges Erdendasein hinaus. Am 30. November 1911 sagte Rudolf Steiner dazu in Heidenheim:

> So wahr der Frühling auf den Winter folgt und das, was als schlafender Keim der Pflanzen im Inneren ihrer selbst ruht, wiedererweckt wird, so wahr wird die Seele, welche den physischen Leib verlässt, den Keim, der zurückgeblieben ist, wieder beleben und von Neuem ihr Leben auf dem physischen Plan aufneh-

men und weiterführen zu ihrer und der Menschheit Entwickelung. So gestalten sich aus den Liebekräften die Hoffnungskräfte. Der physische Leib ist der «Hoffnungsleib». Was wäre der Mensch ohne die Hoffnung auf den kommenden Morgen, auf die Vollendung seiner begonnenen Arbeit, ohne die Hoffnung auf eine Wiedervereinigung mit denen, die er im Leben geliebt hat.[64]

Auch über den in der anthroposophischen Geisteswissenschaft zentralen Schicksalsaspekt, der vom sinnvollen Zusammenhang des Vergangenen mit der Gegenwart und dem Sein der Zukunft handelt, sagt Rudolf Steiner, dass er den Menschen mit «schönster Hoffnung» erfülle. «Es ist ein großer, gewaltiger Gedanke, zu wissen, dass, was man auch tut, nichts vergeblich ist, dass alles seine Wirkung in die Zukunft hinein hat.» Das «Karma-Gesetz» wirke auf die Menschenseele keinesfalls bedrückend, sondern sei im Grunde die *schönste Gabe der Geisteswissenschaft*:

Es gibt uns die Aufgabe, tätig zu sein im Sinne eines solchen Gesetzes, es hat nichts, was den Menschen traurig machen kann, nichts, was der Welt eine pessimistische Färbung geben könnte. Es beflügelt unsere Tätigkeit, mitzuwirken

48

an dem Erden-Werdegang. In solche Gefühle muss sich das Wissen vom Karmagesetz umsetzen.[65]

Das Menschen- und Weltverständnis der Anthroposophie ist dazu in der Lage, «Trost», aber auch «Zuversicht für dieses Leben und für die Zukunft» spenden zu können,[66] ja, den Trost, die Zuversicht und die Hoffnung neuerlich in die Erdenzivilisation zu bringen, auch im Hinblick auf die zukünftige Evolution der Menschheit.

Denn Wissen von diesen Dingen heißt, Sicherheit, Hingebung und Frieden in seiner Seele begründen, sich stille machen in seiner Seele und mit Zuversicht und Hoffnung hinblicken auf das, was in den nächsten Jahrtausenden bevorsteht in der Menschheitsentwickelung. Das sollen alle Menschen, die davon wissen können, als ein besonderes Glück empfinden, als etwas, was die höchsten Kräfte des Menschen aufruft, was wie Feuer anfachen kann alles in seiner Seele, was im Erlöschen, in der Disharmonie ist oder dem Verfall entgegenzugehen scheint.[67]

«Enthusiasmus, Feuer, Begeisterung» erstehe aus der inneren Beschäftigung und Auseinandersetzung mit

der Anthroposophie, mit ihren einzelnen Inhalten, aber auch durch den von ihr eröffneten Weg der Selbsterfahrung und Entwicklung, so führt Rudolf Steiner aus[68] – und so war und ist es auch, wie inzwischen Hunderttausende oder Millionen von Menschen auf Erden erfahren haben. Die Initiaten längst vergangener Kultur- und Mysterienepochen belehrten ihre Schüler über die Zukunft (und indirekt, durch sie, die Völker der Erde). Ihre «große Prophetie» ließ die Schüler über die Gegenwart, auch über unvermeidliche Untergänge und Katastrophen, über Leid, Entbehrung und Tod hinaussehen, hinein in das Land der Zukunft – *«und Hoffnung war es, was sie [die Initiaten] ihren intimen Schülern einprägten»*[69]. Rudolf Steiner wirkte nicht als «Prophet», sondern engagierte sich aktiv in gesellschaftlichen wie politischen Vorgängen; er versuchte, Veränderungen zu erzielen oder zumindest vorzubereiten. Aber auch er vermittelte Hoffnung. In seinem Berliner Vortrag vom 22. Januar 1918, im letzten Jahr des Ersten Weltkrieges, sagte er geradezu:

> Ich habe gerade alles das zu besprechen, was in der Menschenseele heute Kraft und Mut und Hoffnung erwecken kann. Ich möchte von alledem sprechen, was Geisteswissenschaft anderes der Menschheit geben kann, als was ihr Jahrhunderte gegeben haben, und ich

möchte von der Geisteswissenschaft als von etwas Lebendigem sprechen, das in uns nicht Theorie ist, sondern das in uns einen zweiten, einen geistigen Menschen gebiert, der den andern trägt und hält in der Welt. Und das glaube ich vor allen Dingen, dass es die Gegenwart braucht.[70]

Die «Hoffnung», die viele der Hörer und Schüler auf die anthroposophische Geisteswissenschaft setzten und die sie konkret in ihr fanden, hat nach Rudolf Steiner mit diesem «Lebendigen» und jenem «zweiten geistigen Menschen» zu tun, der sich im anthroposophischen Studium, im ideellen, konzentrativen und meditativen Leben bildet und weiterentwickelt. Er führt zur inneren Autonomie und Freiheit, aber auch zur Daseinssicherheit und -zuversicht, zum inneren Halt in einer unsicher werdenden Außenwelt. *«Und das glaube ich vor allen Dingen, dass es die Gegenwart braucht.»*

Die Inhalte der Geisteswissenschaft sind zu verinnerlichen, tief in das eigene Dasein aufzunehmen. Sie sollen kein «Kopfwissen» bleiben, sondern sich in reale Lebens-, Hoffnungs- und Moralitätskräfte verwandeln, wie Rudolf Steiner stets hervorhebt:

Wenn wir sie im echten okkulten Sinn kennenlernen, so strömen sie zuletzt in unser Herz ein, dass das Gelernte in uns

Kraft des Lebens, Hoffnung des Lebens, dass es vor allen Dingen moralische Energie wird und uns wirklich zu dem macht, was wir nennen können einen Bürger der Himmelswelten. Dann trägt der Mensch den Himmel durch sein geistiges Leben in die Angelegenheiten der Erde herein und bewirkt im Verlaufe des Kulturprozesses das, was wir im höchsten Sinne als Harmonie, als Frieden bezeichnen können. [...] So wird durch die wahre Himmelswissenschaft etwas Einheitliches in alle Menschen gebracht und damit das intellektuelle und moralische Verstehen der Menschheit auf der Erde gefördert.[71]

Bis in welche Tiefe ein solcher Rezeptionsprozess reichen kann, führte Rudolf Steiner am Beispiel Christian Morgensterns nach dessen Tod in differenzierter Weise aus.[72] Einmal sagte er:

[Christian Morgenstern] hat, während er mit uns verbunden war innerhalb unserer anthroposophischen Strömung, aufgenommen dasjenige, was wir zu sagen haben über den Christus. Indem er aufnahm die anthroposophische Lehre, indem er diese anthroposophische Lehre mit seiner Seele so verband, dass sie wirklich das geistige Herzblut seiner Seele wurde, hat er diese Lehre auch so in seiner Seele aufgenommen, dass diese anthroposophische Lehre für ihn den Christus als Substanz in sich enthielt. Er hat sie mit der Christus-Wesenheit zugleich aufgenommen. Der Christus, wie er in unserer Bewegung lebt, ist in seine Seele zugleich übergegangen.[73]

*

Christian Morgenstern hatte in seinem meditativen Studium der Anthroposophie mit einem ungeheuren Willenseinsatz gearbeitet, mit einem spirituellen Willen, der eine hohe innere Disziplin vorwies.[74] Seine Rezeption der anthroposophischen Geisteswissenschaft war überaus aktiv, selbstständig und energisch, produktiv und kreativ. Auf diesen spirituellen Willen in der Verinnerlichung und Weitergestaltung der Anthroposophie baute Rudolf Steiner – auf jenen «eigenen menschlichen Willen, der da setzen will aus seiner Kraft, aus seiner Ausdauer, aus seinem Feuer heraus, aus der Gegenwart heraus für die Zukunft den Sieg des Geistes über den Ungeist»[75]. Das Vertreten einer unbestimmten und in sich vagen Hoffnung, eines unkonturierten Optimismus der falsch verstandenen «Positivität» erachtete Steiner dagegen als fatal; solches war mit seinen Darlegungen zur

«Hoffnung» nie gemeint – «allein das Bauen auf den menschlichen Willen, das Appellieren an den menschlichen Willen, die Impulse der Geisteswissenschaft aufzunehmen», sei das Zukunftsentscheidende. In Bern sagte er am 9. Juli 1920 dazu:

> Die abendländische Kultur und die Entwickelung der Menschheit wird ein frühzeitiges Ende finden, wenn die Menschen sich nicht entschließen, sie zu retten. Es kommt heute auf die Menschen an, und der Beweis gilt, dass dasjenige, was von alters gekommen ist, wenn man sich darauf verlassen will, nur in den Niedergang hineinführt, dass ein Neues gefunden werden muss aus den Tiefen der Menschennatur heraus, wenn die Erde an ihr Ziel kommen soll. Alles bloße Glauben, dass schon Mächte da sein werden, die die Zivilisation weiterführen werden, das gilt heute nicht. Allein das gilt, was die Menschen tun, indem sie die niedergehende Zivilisation aus sich heraus retten. Das muss immer wieder gesagt werden. So ernst liegen heute die Dinge.[76]

Rudolf Steiner rechnete auf diesen spirituellen Willenseinsatz im Dienst von Zukunftsideen und Gestaltungskräften. Er verfügte über einen umsichtigen

Blick, erkannte zeitgenössische Handlungsoptionen und sich bietende Gelegenheiten, Chancen und Risiken. Er ging mit «freudigem Mut» und Hoffnungskraft zu Werk und lehnte jeglichen Fundamentalismus ab. Steiner kommentierte keinesfalls alles Politische und Tagespolitische – auch nicht im Verlauf des Ersten Weltkrieges, an dem er intensiven Anteil nahm[77] –, sondern setzte konturierte Akzente. Er förderte sinnvolle Initiativen, empfahl den Anthroposophen, in politischen und gesellschaftspolitischen Krisenzeiten ihre Worte wohl abzuwägen und dabei sorgfältig zwischen öffentlichen Äußerungen und internen Deutungen des Zeitgeschehens zu unterscheiden.

Rudolf Steiner verfügte über die notwendigen Voraussetzungen für die Entfaltung der Hoffnung im thomistischen Sinne – über die «Hochgemutheit» *und* die «Demut». Thomas von Aquin verstand unter der «Hochgemutheit» die Fähigkeit der menschlichen Geistseele zum ideellen Aufschwung, das «Sich-Spannen des Geistes auf die großen Dinge» *(extensio animi ad magna)*, den wirklichen Idealismus – unter Einbezug der Hoffnungs- und Willenskräfte: «Hochgemut ist, wer sich das Große zumutet und sich seiner wert macht.» (Pieper[78]) «Hochgemut» im michaelischen Sinne ist derjenige, der den «Mut» zu den Ideen als einen tragenden Daseinsgrund hat. Die innere Sicherheit kann sich heute weniger denn je auf den physischen Boden stützen, wohl jedoch auf das ideell «Große». In Wien sagte Rudolf Steiner am 28. September 1923, exakt ein Jahr vor seiner letzten Ansprache, dazu:

Dieses Sich-Aufschwingen dazu, dass man von den Gedanken über das Geistige so erfasst werden kann wie durch irgend etwas Physisches in der Welt: das ist Michael-Kraft! Vertrauen haben zu den Gedanken des Geistigen, wenn man die Anlage dazu hat, sie überhaupt aufzunehmen, so dass man weiß: Du hast diesen oder jenen Impuls aus dem Geistigen. Du gibst dich ihm hin, du machst dich zum Werkzeug seiner Ausführung. Ein erster Misserfolg kommt – macht nichts! Ein zweiter Misserfolg kommt – macht nichts! Und wenn hundert Misserfolge kommen – macht nichts! Denn kein Misserfolg ist jemals ausschlaggebend für die Wahrheit eines geistigen Impulses, dessen Wirkung innerlich durchschaut und ergriffen ist. Denn erst dann hat man Vertrauen, das richtige Vertrauen zu einem geistigen Impuls, den man in einem bestimmten Zeitpunkt fasst, wenn man sich sagt: Hundert Male habe ich Misserfolg gehabt, das kann mir aber höchstens beweisen, dass für mich in dieser Inkarnation die Bedingungen zur Realisierung dieses Impulses nicht gegeben sind. Dass dieser Impuls aber richtig ist, das schaue ich durch seinen eigenen Charakter. Und wenn es auch erst nach der hundertsten Inkarnation sein wird, dass für diesen Impuls die Kräfte zu seiner Realisierung mir erwachsen – nichts kann mich überzeugen von der Durchschlagskraft oder Nichtdurchschlagskraft eines geistigen Impulses als dessen eigene Natur. – Wenn Sie sich dies im Gemüte des Menschen als das große Vertrauen für irgend etwas Geistiges ausgebildet denken, wenn Sie sich denken, dass der Mensch felsenfest halten kann an etwas, was er als ein geistig Siegendes durchschaut hat, so festhalten kann, dass er es auch dann nicht loslässt, wenn die äußere Welt noch so sehr dagegen spricht, wenn Sie sich dies vorstellen, dann haben Sie eine Vorstellung von dem, was eigentlich die Michael-Kraft, die Michael-Wesenheit von dem Menschen will, denn dann erst haben Sie eine Anschauung von dem, was das große Vertrauen in den Geist ist. Man kann irgendeinen geistigen Impuls zurückstellen, selbst für die ganze Inkarnation zurückstellen, aber hat man ihn einmal gefasst, so darf man niemals wanken, ihn in seinem Inneren zu hegen und zu pflegen; dann allein kann man ihn aufsparen für die folgenden Inkarnationen. Und wenn auf diese Weise das Vertrauen zu dem Geistigen eine solche Seelenverfassung begründet, dass man in die Lage kommt, dieses Geistige als so real zu empfinden wie den Boden unter unseren Füßen, von dem wir wissen, dass, wenn er nicht da wäre, wir mit unseren Füßen nicht auftreten könnten, dann haben wir ein Gefühl in unserem Gemüte von dem, was eigentlich Michael von uns will.[79]

Die von Rudolf Steiner umschriebene michaelische «Hochgemutheit» im Aufschwung zu den «Gedanken über das Geistige» aber bedarf im thomistischen Sinne des Widerlagers der – recht verstandenen – «Demut». Giovanni Maio schreibt im Anschluss an Kant von der Demut als Fähigkeit des Menschen, im «Bewusstsein der Erhabenheit seiner moralischen Anlage» zugleich das «Gefühl der Geringfähigkeit» (Kant) in sich zu tragen, das heißt ein «Bewusstsein für das eigene Zurückbleiben hinter dem, wozu der Mensch in sittlicher Hinsicht grundsätzlich befähigt und begabt ist» (Maio[80]). Demut richtet sich, so

Maio, gegen die «unrealistische Überbewertung der eigenen Bedeutung»[81]: «Der Demütige ist derjenige, der durch das Maß des denkbaren Ideals die Grundbereitschaft zu einer Selbstrelativierung mitbringt und auf diese Weise der Gefahr der Selbstverherrlichung entkommt.»[82] Im Zusammenhang der hier gemeinten Hoffnung ist dabei von Bedeutung, dass sich der Hoffende darüber im Klaren ist, dass die letztendliche Realisierbarkeit seines inneren Ideals – trotz einem existenziellen Willenseinsatz – nicht von ihm oder nicht von ihm allein abhängt; das Ideal kann nicht selbsteigen zum Ziel kommen. Wohl in diesem Sinne betonte Augustinus, dass es nur den Demütigen gegeben sei, im eigentlichen Sinne zu hoffen.[83] In den Worten des michaelischen Idealisten Friedrich Schiller:

> Ernster, guter Wille ist eine große, die schönste Eigenschaft des Geistes. Der Erfolg liegt in einer höhern unsichtbaren Hand. Nur die Absicht gibt dem Aufwand von Kräften Wert.[84]

*

Thomas von Aquin führt aus, dass die substanzielle Hoffnung sich nicht nur vor der Verzweiflung, sondern auch vor der «Vermessenheit» oder «Vorwegnahme» zu hüten hat, der *praesumptio*, der «Vorwegnahme der Erfüllung». Die Umdeutung des «Noch nicht» in das «Schon» der Erfüllung korrumpiert die Hoffnung und ihre intentionale Werde-Gestalt; sie deformiert sie in ein Sein des Seienden. Die Anthroposophische Gesellschaft und Bewegung hat als Träger von Zukunftshoffnungen die Gefahren der apokalyptischen Verzweiflung wie der Vermessenheit im Blick zu halten – und sie muss dabei die Balance zwischen der «Hochgemutheit» und der «Demut» finden. Dann hilft ihr die Hoffnung nicht nur zu leben und zu überleben, wie Goethe einmal an Charlotte von Stein schreibt, sondern sie – die Hoffnung – kann im sozialen Gemeinwesen mit öffentlicher Ausstrahlung und in jedem Einzelnen noch wesentlich mehr und anderes werden. Es gehe darum, so erläutert Paulus in seinem Brief an die Hebräer, die Hoffnung als «sicheren und starken Anker der Seele» zu besitzen (Hebr 6,19); sie dringe in das Innerste des verhüllten Heiligtums, zu Christus («in das Christus als unser Vorläufer eingetreten ist»). Thomas von Aquin kommentiert dies mit den Worten: «Christus ist für uns in das Innere des Zeltes eingetreten und hat dort unsere Hoffnung festgemacht.»[85] Rudolf Steiner spricht vom «Wiederaufleben des früher verborgenen Christus-Bewusstseins in den Seelen der Menschen auf Erden»[86] – und er schildert in seinen Leitsatz-Betrachtungen den michaelischen Weg in die Außenwelt in der Liebe zur Handlung als Voraussetzung der seelischen Innenwendung zu Christus.

Der Willensweg mit Michael in der Liebe zur Handlung ist von der Hoffnung des Werdens und der Zukunft getragen, vom Vertrauen in die werdende Welt, in die Ankunft des Zukünftigen. Die Anthroposophische Gesellschaft möchte im Licht Michaels in diesem Sinne arbeiten und wirksam sein. Michael ist in der Gegenwart die «leitende Wesenheit für die ganze Menschheit», betont Rudolf Steiner[87] – auch daher handelt es sich in und mit der Anthroposophischen Gesellschaft um eine öffentliche Angelegenheit. Die Anthroposophische Gesellschaft und die in ihr vereinigten Menschen können sich auf ihren Tat- und Hoffnungswegen an Michael als dem «Antlitz Christi» geistig orientieren, an seiner «Licht-Aura» und «Geistwesen-Geste». Er, Michael, geht «in Liebe durch die Welt» und bejaht sie, indem er «wie aus allen Weltenstätten» Kräfte zur Erde niederführt.[88] Michael bejaht sie in seinem Ernst und mit der Kraft seines Blickes; er gibt der Menschheit ein spirituelles Licht und ermöglicht die Anthroposophie als eine seiner großen Gaben – und mit ihr, als einer Hoffnungsträgerin, die *«neue, die helle Zeit»*[89]. Michael ermöglicht der Menschheit, aus der Sphäre Ahrimans zu Christus finden zu können. Weil dem so ist, ist die Erde noch nicht verloren – und alle Überlebens- und Zukunftshoffnungen der Menschen sind berechtigt. Michael ist streng, vermag es jedoch auch, den Menschen «weise» zu «winken» und gibt ihnen sein wesentliches Geleit. Er braucht «innerlich mutvolle

Menschen»[90] als seine Mitstreiter in der Zukunfts-
auseinandersetzung mit Ahriman, die in vollem Gan-
ge ist. Die Anthroposophische Gesellschaft auf Erden hat sich, so Rudolf Steiner, in ihrer inneren Aus-
richtung an die übersinnliche Michael-Bewegung zu
halten und ist keinesfalls mit dieser identisch. Sie, die
Anthroposophische Gesellschaft, hat, wie Rudolf
Steiner betont, zur Michael-Bewegung «hinaufzu-
schauen» und ihr zu dienen – «sie hat das, was da
gewollt wird, unter die Menschen zu bringen»[91].
Auch hier ist Demut anstelle von «Selbstverherrlichung» und Hilfsbereitschaft in Bescheidenheit ge-
fragt.

Die Hoffnungen, die Rudolf Steiner mit dem Wirken der Anthroposophischen Gesellschaft und vielen
einzelnen Anthroposophen verband, haben in diesem
Sinne ganz zentral mit Michael zu tun. «Er lebt in
den Folgen des von den Menschen Geschaffenen»[92]
– und kann das, was Menschen positiv und zukunfts-
voll beginnen, im Kosmos weitertragen, sofern es
«weltgerecht» ist. Es kommt für den Menschen auf
den Anfang an, auf das «initium», mithin auf das moralische Ideal, das Licht-, Ton- und Lebensquellen
schafft,[93] denen es die Treue zu halten gilt, im Vertrauen auf den tragenden ideellen Grund, im Vertrauen auf das geistig Gewollte und Berechtigte, in
Erwartung und Hoffnung. Der Wille des Menschen
erreicht auf Erden nie sein Ziel und seine volle Wirklichkeit. Er bleibt immer Potenz, aber ermöglicht das

Werden, die Bewegung zur Zukunft und, als tastendes Wahrnehmungsorgan, die Ankunft des Künftigen. Er steht im «Lebensstrom der Menschheit» und kann im Sinne und im Dienst Michaels arbeiten, sofern er von selbstloser Liebe zum Werdenden und Noch-nicht-Seienden bestimmt ist, von der erwartungsvollen Liebe zum Neuen und Unbekannten.

Drei Monate nach dem Brand des Goetheanum, am Karsamstag, den 31. März 1924, begann Rudolf Steiner über ein künftiges Michael-Fest zu sprechen, über ein «Fest des Selbstbewusstseins, das dem Menschen seine echte Menschlichkeit nahebringt»[94], ein Fest «zu Ehren des menschlichen Mutes»[95], der Seelenaktivität und Seelenkraft, die sich der Passivität, der Feigheit, der Furcht und dem Zweifel entgegenstellen. Der Mensch, so sagte Rudolf Steiner am 5. Oktober 1923 in Dornach, muss das Michael-Fest feiern lernen, «indem er das Michael-Fest […] zu einem Entängstigungsfeste, zu einem Furchtlosigkeitsfeste, zu einem Fest innerer Initiative und innerer Kraft» gestalte.[96] Es gehe im Herbst darum, «Michael-Nachfolger» zu werden und ein «Fest der Impulsivität» im geistigen Jahreslauf zu verankern. Rudolf Steiner wusste, wie schwierig die Situation der Menschheit auf Erden werden würde und welche inneren Widerstandskräfte in Zukunft notwendig sein würden. Von einem Michaelsfest, das im großen Stil und als öffentliche Angelegenheit von ausstrahlender Kraft für Wissenschaft, Kunst und Religion sein sollte, erwartete er sich einen «mächtigen Impuls zur Weiterführung unserer Zivilisation und unseres ganzen Lebens»[97]. Am 21. August 1921 sagte er beim «Summer Art Course» im Goetheanum:

> Man muss nur in richtigem Sinne erkennen, wie vor uns lagern die innern Hindernisse der Seelenbequemlichkeit, der geistigen Furcht, der Denkgewohnheiten, und man wird erfühlen, dass dasjenige, was wir brauchen, innere Initiative, Aktivität des seelischen Lebens, vollen Mut zu etwas Neuem, Furchtlosigkeit gegenüber dem Neuen, Unbekannten –, dass das gewonnen werden kann, wenn wir vom Geiste so ergriffen werden, dass der Geist selbst es ist, der in allen unseren Impulsen lebt.[98]

Der Mensch muss dafür Sorge tragen, dass das «Himmelslicht» im «Erdenlicht» nicht erlöscht. Er braucht dafür das Vertrauen in den Geist, mithin in sich selbst als einem geistigen Wesen, das nicht nur aufblickt, sondern zu dem auch mit Hoffnung geblickt wird:

In uns ist die Zukunft schon da als Morgenröte.[99]

Anmerkungen

1 HANNAH ARENDT: «Gedanken zu Lessing». In: *Freundschaft in finsteren Zeiten*. HG. MATTHIAS BORMUTH. Berlin 2018, S. 77.

2 Vgl. PETER SELG: *Wirklichkeitsverständnis. Jugendpädagogik in globaler Krisenzeit.* Arlesheim 2021, S. 46ff.

3 Ebd., S. 49.

4 Vgl. STEPHAN LESSENICH: *Neben uns die Sintflut. Die Externalisierungsgesellschaft und ihr Preis.* Berlin 2016, S. 137. Vgl. a. PETER SELG: *Die Gegenwart des Vergangenen. Rudolf Steiner und die Aktualität des Jahres 1917.* Arlesheim 2017, S. 21ff. («Zur aktuellen Weltlage. Der globale Kapitalismus»)

5 Vgl. hierzu u. a. SASCHA LOBO: «Die chinesische Weltmaschine. Wie Chinas Gegenwart auch unsere Zukunft verändert». In: *Realitätsschock. Zehn Lehren aus der Gegenwart.* Köln 2019, S. 181 – 213.

6 HANNAH ARENDT: *Über die Revolution.* München 2011, S. 292.

7 HANNAH ARENDT: «Gedanken zu Lessing». In: *Freundschaft in finsteren Zeiten*, S. 43.

8 Ebd., S. 52.

9 Ebd., S. 81.

10 HANNAH ARENDT: *Wir Juden. Schriften 1932 – 1966.* HG. MARIE LUISE KNOTT / URSULA LUDZ. München 2019, S. 245.

11 Vgl. IVAN ILLICH: *Die Nemesis der Medizin. Von den Grenzen des Gesundheitswesens.* Reinbek bei Hamburg 1981; und PETER SELG: «Eine medikalisierte Gesellschaft?». In: *Das Mysterium der Erde. Aufsätze zur Corona-Zeit.* Arlesheim 2020, S. 49 – 79.

12 HANNAH ARENDT: *Vita activa oder Vom tätigen Leben.* HG. THOMAS MEYER. München 2021, S. 15.

13 Vgl. GIORGIO AGAMBEN: *An welchem Punkt stehen wir? Die Epidemie als Politik.* Wien und Berlin 2021. Vgl. hierzu auch PETER SELG: «Die Stimme eines Philosophen». In: *Kernpunkte*, 4. Jg., Nr. 5, 1. April 2021, S. 1 – 8.

14 RUDOLF STEINER: *Die Erkenntnis-Aufgabe der Jugend.* GA 217a. Dornach ²1981, S. 152.

15 Vgl. a. HANNAH ARENDT: «Gedanken zu Lessing». In: *Freundschaft in finsteren Zeiten*, S. 8f.

16 Vgl. PETER SELG: *Maria Krehbiel-Darmstädter. Von Gurs nach Auschwitz. Der innere Weg.* Arlesheim 2010, S. 45ff.

17 Vgl. a. HANNAH ARENDT / KARL JASPERS:

Briefwechsel 1926 – 1969. Hg. Lotte Köhler und Hans Saner. München und Zürich 1985.

18 Vgl. hierzu u.a. Karl Jaspers: *Hoffnung und Sorge. Schriften zur deutschen Politik 1945 – 1965*. München 1965; und «Wohin treibt die Bundesrepublik». In: Karl Jaspers: *Leben als Grenzsituation. Eine Biographie in Briefen*. Hg. Matthias Bormuth. Göttingen 2019, S. 241 – 288.

19 Josef Pieper: *Über die Hoffnung*. München ⁷1977, S. 65.

20 Giovanni Maio: *Werte für die Medizin*. München 2018, S. 156.

21 Ebd., S. 127.

22 Hans-Georg Gadamer: *Hermeneutik II. Wahrheit und Methode. Gesammelte Werke*. Bd. 2. Tübingen 1993, S. 211.

23 Hans-Georg Gadamer: *Hermeneutik I. Wahrheit und Methode. Gesammelte Werke*. Bd. 1. Tübingen 1990, S. 384.

24 Josef Pieper: *Über die Hoffnung*, S. 27.

25 Christoph Wilhelm Hufeland: «Die Verhältnisse des Arztes». In: *Hufelands Journal*. Heft 23, 1806.

26 Augustinus: *De genesi*. Zit. n. Josef Pieper: *Über die Hoffnung*, S. 44.

27 Im Oktober 2020 wurde in der Schweiz eine Studie der Großbank UBS und der Beratungsgesellschaft PWC veröffentlicht, der zufolge das Gesamtvermögen der circa 2200 Milliardäre welt-

weit in der COVID-19-Pandemie rapide gestiegen ist – auf insgesamt 10,2 Billionen Dollar. Einem Bericht der «taz» vom 10. Dezember 2020 zufolge ergab eine US-amerikanische Recherche vom Institute for Policy Studies und einer US-Organisation für Steuergerechtigkeit, dass sich das Vermögen der circa 650 Milliardäre der USA in der COVID-19-Pandemie um eine Billion Dollar auf insgesamt circa vier Billionen Dollar erhöhte, also um nicht weniger als ein Viertel. Vgl. PETER SELG: *Wirklichkeitsverständnis. Jugendpädagogik in globaler Krisenzeit.* Arlesheim 2021, S. 37ff.

28 *Bücher der Kündung.* Verdeutscht von MARTIN BUBER gemeinsam mit FRANZ ROSENZWEIG. Heidelberg [8]1985, S. 128.

29 RUDOLF STEINER: *Mysterienstätten des Mittelalters. Rosenkreuzertum und modernes Einweihungsprinzip. Das Osterfest als ein Stück Mysteriengeschichte der Menschheit.* GA 233a. Dornach [5]1991, S. 116.

30 RUDOLF STEINER: *Seelenübungen. Band I: Übungen mit Wort- und Sinnbild-Meditationen zur methodischen Entwicklung höherer Erkenntniskräfte, 1904 – 1924.* GA 267. Dornach [2]2001, S. 218.

31 Vgl. PETER SELG: *Der Untergang des Abendlands? Rudolf Steiners Auseinandersetzung mit Oswald Spengler.* Dornach und Arlesheim 2020, S. 101ff.

32 RUDOLF STEINER: *Die Erkenntnis-Aufgabe der Jugend.* GA 217a, S. 176.

33 RUDOLF STEINER: *Esoterische Betrachtungen karmischer Zusammenhänge. Dritter Band.* GA 237. Dornach [8]1991, S. 53.

34 Vgl. u. a. PETER SELG: *Grundstein zur Zukunft. Vom Schicksal der Michael-Gemeinschaft.* Arlesheim 2013, S. 51ff.

35 RUDOLF STEINER: *Vorträge und Kurse über christlich-religiöses Wirken, I. Anthroposophische Grundlagen für ein erneuertes christlich-religiöses Wirken.* GA 342. Dornach [1]1993, S. 206.

36 FRIEDRICH RITTELMEYER (Hg.): *Vom Lebenswerk Rudolf Steiners. Eine Hoffnung neuer Kultur.* München 1921.

37 Zit. n. WOLFGANG VOEGELE: «Eine vergessene Pioniertat». In: *Das Goetheanum*, 30. Juli 1921.

38 In: MICHAEL BAUER: *Gesammelte Werke.* HG. CHRISTOPH RAU. Band 5. Stuttgart 1997, S. 154.

39 RUDOLF STEINER: *Die Verbindung zwischen Lebenden und Toten.* GA 168. Dornach [4]1995, S. 151.

40 RUDOLF STEINER: *Esoterische Betrachtungen karmischer Zusammenhänge. Vierter Band.* GA 238. Dornach [6]1991, S. 174.

41 Vgl. HANNAH ARENDT: *Elemente und Ursprünge totaler Herrschaft.* München 1986, S. 979.

42 RUDOLF STEINER: *Das Schicksalsjahr 1923 in der Geschichte der Anthroposophischen Gesellschaft. Vom*

Goetheanumbrand zur Weihnachtstagung. GA 259.
Dornach [1]1991, S. 147.

43 RUDOLF STEINER: *Neugestaltung des sozialen Organismus.* GA 330. Dornach [2]1983, S. 54.

44 «Sieghafter Geist / Durchflamme die Ohnmacht / Zaghafter Seelen. / Verbrenne die Ichsucht, / Entzünde das Mitleid, / Dass Selbstlosigkeit, / Der Lebensstrom der Menschheit, / Wallt als Quelle / Der geistigen Wiedergeburt.» *20. September 1919.* RUDOLF STEINER: *Mantrische Sprüche. Seelenübungen. Band II, 1903 – 1925.* GA 268. Dornach [1]1999, S. 73.

45 RUDOLF STEINER: *Unsere Toten. Ansprachen, Gedenkworte und Meditationssprüche 1906 – 1924.* Dornach [2]1984, S. 337.

46 FRIEDRICH SCHILLER: «Über das Pathetische». In: *Sämtliche Werke.* Band V. HG. WOLFGANG RIEDEL. München 2004, S. 521.

47 FRIEDRICH SCHILLER: *Demetrius.* HG. WOLFGANG WITTKOWSKI. Stuttgart 1963, S. 69.

48 RUDOLF STEINER: *Das Schicksalsjahr 1923 in der Geschichte der Anthroposophischen Gesellschaft. Vom Goetheanumbrand zur Weihnachtstagung.* GA 259, S. 60.

49 Ebd., S. 71.

50 Ebd., S. 147.

51 Ebd., S. 156.

52 Ebd., S. 148.

53 Zit. n. PETER SELG: *Rudolf Steiner 1861 – 1925. Lebens- und Werkgeschichte. Band 6: Die Zerstörung*

des Ersten Goetheanum und das Jahr 1923. Arlesheim [2]2017, S. 1652.

54 MICHAEL BAUER: «Rudolf Steiner und der Schulungsweg». In: *Gesammelte Werke*. Band 4. Stuttgart 1990, S. 178.

55 RUDOLF STEINER: *Vom Einheitsstaat zum dreigliedrigen sozialen Organismus*. GA 334. Dornach [1]1983, S. 295.

56 RUDOLF STEINER: *Neugestaltung des sozialen Organismus*. GA 330, S. 378.

57 RUDOLF STEINER: *Der pädagogische Wert der Menschenerkenntnis und der Kulturwert der Pädagogik*. GA 310. Dornach [4]1989, S. 170.

58 Vgl. z.B. RUDOLF STEINER: *Inneres Wesen des Menschen und Leben zwischen Tod und neuer Geburt*. GA 153. Dornach [6]1997, S. 9.

59 RUDOLF STEINER: *Kunst im Lichte der Mysterienweisheit*. GA 275. Dornach [3]1990, S. 98.

60 RUDOLF STEINER: *Erziehungs- und Unterrichtsmethoden auf anthroposophischer Grundlage*. GA 304. Dornach [1]1979, S. 92.

61 Zu dem Aufbruchselan Rudolf Steiners zu dieser Zeit vgl. PETER SELG: *Rudolf Steiner 1861 – 1925. Lebens- und Werkgeschichte. Band 3: Geisteswissenschaft und Gesellschaft (1900 – 1914)*. Arlesheim [2]2017, S. 720ff.

62 RUDOLF STEINER: *Das esoterische Christentum und die geistige Führung der Menschheit*. GA 130. Dornach [4]1995, S. 175.

63 RUDOLF STEINER: *Die Mission der neuen Geistesoffenbarung.* GA 127. Dornach ²1989, S. 190.

64 Ebd., S. 241.

65 RUDOLF STEINER: *Die Theosophie des Rosenkreuzers.* GA 99. Dornach ⁷1985, S. 78.

66 RUDOLF STEINER: *Das Ereignis der Christus-Erscheinung in der ätherischen Welt.* GA 118. Dornach ³1984, S. 197.

67 RUDOLF STEINER: *Das esoterische Christentum und die geistige Führung der Menschheit.* GA 130, S. 138.

68 Ebd.

69 RUDOLF STEINER: *Die Beantwortung von Welt- und Lebensfragen durch Anthroposophie.* GA 108. Dornach ²1986, S. 129. («Denn das war das Eigenartige der atlantischen Eingeweihten, dass sie wie alle Eingeweihten die großen Ereignisse der Zukunft sahen. Sie sahen hinüber über die große atlantische Flut, hinüber über das große Ereignis, das die Länder der Erde umgestaltete. Sie sahen hinter der atlantischen Zeit alle die Kulturen, die hervorsprießen werden in der späteren Zeit; sie sahen hin auf das Land der heiligen Rishis, auf das Land Zarathustras, auf die Kultur des alten Ägypten, die durch Hermes begründet wurde, auf die Vorherverkündigung des Moses; hin sahen sie auf das glückliche Griechenland, auf das starke Rom, bis auf unsere Zeit; und weiter in die Zukunft hinein.»)

70 RUDOLF STEINER: *Erdensterben und Weltenleben. Anthroposophische Lebensgaben. Bewusstseins-Notwendigkeiten für Gegenwart und Zukunft.* GA 181. Dornach ³1991, S. 27.

71 RUDOLF STEINER: *Die geistigen Wesenheiten in den Himmelskörpern und Naturreichen.* GA 136. Dornach ⁷2009, S. 210.

72 Vgl. PETER SELG: *Christian Morgenstern. Sein Weg mit Rudolf Steiner.* Stuttgart ²2013.

73 RUDOLF STEINER: *Christus und die menschliche Seele. Über den Sinn des Lebens. Theosophische Moral. Anthroposophie und Christentum.* GA 155. Dornach ³1994, S. 166.

74 Vgl. Anm. 72.

75 RUDOLF STEINER: *Vom Einheitsstaat zum dreigliedrigen sozialen Organismus.* GA 334, S. 101.

76 RUDOLF STEINER: *Heilfaktoren für den sozialen Organismus.* GA 198. Dornach ²1984, S. 209.

77 Vgl. PETER SELG: *Rudolf Steiner 1861 – 1925. Band 4: In den Jahren des Ersten Weltkriegs (1914 – 1918).* Arlesheim ²2017.

78 JOSEF PIEPER: *Über die Hoffnung*, S. 28.

79 RUDOLF STEINER: *Der Jahreskreislauf als Atmungsvorgang der Erde und die vier großen Festeszeiten.* GA 223. Dornach ⁷1990, S. 117f.

80 GIOVANNI MAIO: *Werte für die Medizin*, S. 158.

81 Ebd., S. 160.

82 Ebd., S. 161.

83 Vgl. JOSEF PIEPER: *Über die Hoffnung*, S. 74.

84 In: Julius Petersen (Hg.): *Schillers Gespräche. Berichte seiner Zeitgenossen über ihn.* Leipzig 1911, S. 338.

85 Zit. n. Josef Pieper: *Über die Hoffnung*, S. 36.

86 Rudolf Steiner: *Vorstufen zum Mysterium von Golgatha.* GA 152. Dornach [3]1990, S. 46.

87 Ebd., S. 60.

88 Rudolf Steiner: *Anthroposophische Leitsätze. Der Erkenntnisweg der Anthroposophie – Das Michael-Mysterium.* GA 26. Dornach [10]1998, S. 116.

89 Rudolf Steiner: *Wahrspruchworte.* GA 40. Dornach [9]2005, S. 92.

90 Rudolf Steiner: *Esoterische Betrachtungen karmischer Zusammenhänge. Dritter Band.* GA 237. Dornach [8]1991, S. 136.

91 Rudolf Steiner: *Die Erkenntnis-Aufgabe der Jugend.* GA 217a. Dornach [2]1981, S. 145.

92 Rudolf Steiner: *Mysterienstätten des Mittelalters. Rosenkreuzertum und modernes Einweihungsprinzip. Das Osterfest als ein Stück Mysteriengeschichte der Menschheit.* GA 233a, S. 94.

93 Vgl. hierzu Rudolf Steiner: Vortrag vom 18. Dezember 1920. In: *Die Brücke zwischen der Weltgeistigkeit und dem Physischen des Menschen. Die Suche nach der neuen Isis, der göttlichen Sophia.* GA 202. Dornach [4]1993.

94 Rudolf Steiner: *Der Goetheanumgedanke inmitten der Kulturkrisis der Gegenwart. Gesammelte Aufsätze aus der Wochenschrift «Das Goetheanum»*

1921 – 1925. GA 36. Dornach [1]1961, S. 345.
«Dieser Gedanke, ‹ich könnte viel mehr, weil ich
Mensch bin›, ist deswegen ein faszinierender,
weil er in überzeugender Weise Demut und
Selbstachtung zusammenführt und sie gerade
nicht als Antipoden auffasst.» (GIOVANNI MAIO:
Werte für die Medizin, S. 158)

95 RUDOLF STEINER: *Der Jahreskreislauf als At-*
mungsvorgang der Erde und die vier großen Festes-
zeiten. GA 223. Dornach [7]1990, S. 85.

96 *Das Miterleben des Jahreslaufes in vier kosmischen*
Imaginationen. GA 229. Dornach [8]1999, S. 19.

97 RUDOLF STEINER: *Die menschliche Seele in ihrem*
Zusammenhang mit göttlich-geistigen Individualitä-
ten. GA 224. Dornach [3]1992, S. 14.

98 RUDOLF STEINER: *Kunst und Anthroposophie. Der*
Goetheanum-Impuls. Sommerkurs / Summer Art
Course Dornach 1921. GA 77b. Dornach [1]1996,
S. 30.

99 RUDOLF STEINER: *Zur Geschichte und aus den In-*
halten der ersten Abteilung der Esoterischen Schule
1904 – 1914. GA 264. Dornach [2]1996, S. 330.

Peter Selg

Wirklichkeitsverständnis

Jugendpädagogik in globaler Krisenzeit
144 Seiten, 8 Abb., Broschur
ISBN 978-3-906947-58-7

Bei einem Symposium zu entwicklungspsychologischen und -pädagogischen Problemen und Herausforderungen der Corona-Krise wollte Peter Selg im Dezember 2020 darstellen, dass die gegenwärtige Krisenlage in ihrer Komplexität im Oberstufenunterricht nicht länger umgangen, sondern thematisiert werden muss.

Das Symposium konnte aufgrund der neuen Corona-Versammlungsauflagen schließlich nicht mehr stattfinden. Peter Selg fasste daher seinen geplanten Beitrag in schriftlicher Form. Er plädiert für die Überwindung des – weitgehenden – Sprechtabus an Schulen über die aktuelle Zeitsituation, für mehr und differenzierteres Wissen, für mehr Orientierung und eine verstehende Dialogik im Sinne Martin Bubers.

VERLAG DES ITA WEGMAN INSTITUTS

Peter Selg

Der Wille zur Zukunft

2. Auflage, 120 Seiten, 4 Abb., gebunden mit Schutzumschlag
ISBN 978-3-905919-28-8

Es komme darauf an, so sagte Rudolf Steiner, den Mut zu
haben, «vorwärts zu dringen und nicht furchtsam und kleinmütig zu werden». Angesichts der aktuellen Weltsituation
droht eine ängstliche Passivität des Menschen. Der Begrün-
der der Anthroposophie lehrte und lebte jedoch das Gegenteil – und der Aufbau der ersten anthroposophischen Institutionen vollzog sich energisch gegen alle Widerstände.
Diese Kräfte müssen in der Gegenwart wiedergefunden
werden, um mit der Anthroposophie, aber auch mit der Anthroposophischen Gesellschaft und dem Dornacher Goetheanum (der Freien Hochschule für Geisteswissenschaft)
in die Zukunft gehen zu können. «Das echte Ich lebt in
derselben Weltensphäre, in der die wahre Wirklichkeit unseres Willens lebt.» (Rudolf Steiner)

VERLAG DES ITA WEGMAN INSTITUTS

Peter Selg

Das Mysterium der Erde

Aufsätze zur Corona-Zeit

139 Seiten, 8 Abb., Broschur

ISBN 978-3-906947-48-8

Der Band vereinigt Aufsätze, die Peter Selg zwischen Ostern und Pfingsten 2020 zu Aspekten der Corona-Krise schrieb, zu medizinischen, gesellschaftspolitischen und spirituellen Dimensionen des Geschehens. Der Autor versteht sie als orientierende Versuche und «Erkundungen» (im Sinne Paul Celans), ohne jede Deutungshoheit, betont jedoch im Vorwort, dass die Vertreter der Anthroposophie zur Stellungnahme gleichwohl verpflichtet sind – «Verstummen sie oder zensieren sie sich geradezu selbst, weil sie durch ihre kritische Reflexion in keiner Weise negativ auffallen wollen und bereits ‹vor Corona› schnell zur Zielscheibe verschiedenster Vorwürfe wurden, so verlieren sie nichts weniger als ihre Existenzberechtigung, ihre innere Identität und Glaubwürdigkeit, auch ihr ‹historisches Gewissen›».

VERLAG DES ITA WEGMAN INSTITUTS

Peter Selg

Grundstein zur Zukunft

Vom Schicksal der Michael-Gemeinschaft

96 Seiten, 4 Abb., Leinen mit Schutzumschlag

ISBN 978-3-905919-51-6

Die Publikation verfolgt das Ereignis der Grundsteinlegung des ersten Goetheanumbaus vom 20. September 1913 im Zusammenhang der sogenannten Michael-Bewegung, d.h. dem von Rudolf Steiner 1924 explizit kenntlich gemachten Hauptwirkensimpuls der Anthroposophischen Gemeinschaft und Gesellschaft. Er zeigt die fundamentale Bedeutung des 1913 in Dornach Begonnenen auf und beleuchtet mit Rudolf Steiners Karmavorträgen die schicksalhafte Zielsetzung der «Freien Hochschule für Geisteswissenschaft» – schicksalhaft im Hinblick auf die daran beteiligten Individualitäten, aber auch im Hinblick auf den künftigen Fortgang der Zivilisation. «Michael ist ein kräftiger Geist, und Michael kann nur mutvolle Menschen, innerlich mutvolle Menschen vollständig brauchen.» (R. Steiner)

VERLAG DES ITA WEGMAN INSTITUTS

ITA WEGMAN INSTITUT FÜR ANTHROPOSOPHISCHE GRUNDLAGENFORSCHUNG

Im Ita Wegman Institut für anthroposophische Grundlagenforschung wird die von Dr. phil. Rudolf Steiner
(1861 – 1925) in Schrift- und Vortragsform entwickelte
anthroposophische Geisteswissenschaft ideengeschichtlich
aufgearbeitet, unter werkbiographischer Akzentuierung
und im Kontext der Wissenschafts- und Sozialgeschichte
des 19. und 20. Jahrhunderts.

Das Institut unterhält mehrere, öffentlich zugängliche
Arbeitsarchive, die auf den Nachlässen von wegweisenden
Mitarbeitern Rudolf Steiners beruhen, insbesondere im
Bereich der Medizin, Heilpädagogik und Pädagogik.

Die Arbeiten des Ita Wegman Instituts werden von
verschiedenen Stiftungen – in erster Linie der Software
AG-Stiftung (Darmstadt) – sowie einem internationalen
Freundes- und Förderkreis unterstützt.

Pfeffinger Weg 1A · CH 4144 Arlesheim · Schweiz
Leitung: Prof. Dr. P. Selg
www.wegmaninstitut.ch
E-Mail: sekretariat@wegmaninstitut.ch